大是文化

養成有錢體質

如何用最快速度存到一百萬，又不會降低生活品質？日本理財大師

只靠三本存摺，提早財富自由！

著作暢銷三百萬本以上的理財作家、
家計再生顧問

橫山光昭 ◎著　方嘉玲 ◎譯

目錄

CONTENTS

推薦序一 只要開始起步，人人都能FIRE／安納金 11

推薦序二 調理有錢體質，具象化美好未來／股海老牛 15

推薦序三 擁有閃亮金幣之前，要先養成有錢體質／徐慧玲 19

推薦序四 投資理財不困難，務必把握三原則／寶可孟 23

序章 我幫助兩萬三千個家庭養成有錢體質 27

努力存錢，但存款簿上的數字卻沒變化 32

有心存錢，就一定能存到錢？沒這回事 39

用三個問題，檢測你對金錢的態度 43

能否存錢，關鍵是從小地方改用錢習慣 50

第一章 最快存到一百萬的超強理財術 53
有金錢焦慮，是因為你搞不清楚三件事 54
三個建議，打造不再為錢焦慮的超強理財術 56
任何年齡，都能打造有錢體質 58
無目的存錢會失敗，你得找個目標 61
存錢的動力：做自己想做的事 64
有意識的花錢，就能存錢 68

第二章 家計三分法，爽花五%照樣能存錢 71
老搞不清楚家計狀況，難怪你沒錢 72
你昨天總共花了多少錢？ 74
第一個月，先記帳，但不用刻意省錢 77

從前一個月記帳紀錄，來看之後怎麼省 80
伙食費最容易被亂花，怎麼掌握？ 83
就算不小心花太多，還是要繼續記帳 86
省錢，從固定支出下手最有效益 88
消、浪、投——家計三分法 90
最能存錢的黃金比例 96
減少消費與浪費，增加投資的比例 98
有些你以為是投資的開銷，是浪費 100
希望你成為懂得善用金錢的人 102

第三章 有錢人必備的三本存摺

第三章 有錢人必備的三本存摺 105
結帳前，先問自己這個問題 106
打消強烈購物慾，用一句話化解 108

工作多年還是零存款，怎麼辦？ 110
準備三個帳戶：日用、儲蓄、理財 112
日用帳戶裡要放一．五個月生活費 116
不用執著日用帳戶的金額變化 118
儲蓄帳戶放六個月生活費 120
薪水一入帳，先把六分之一移到儲蓄帳戶 123
理財帳戶，可以開證券帳戶來代替 125
同時管理儲蓄帳戶與理財帳戶 127
保單、汽車、手機，非必要開銷總藏在這裡 128
為什麼要用理財帳戶來投資？ 133
如何選擇券商與開立證券戶 135
理財關鍵：你為了什麼目的想要存錢？ 138

第四章　投資三原則：長期、分散、定時定額　143
投資，是為了讓錢幫我們賺錢　144
在能力所及的範圍內讓錢為你工作　146
出現黑天鵝，別急著殺出，該繼續買進　150
長期投資可以隨時進場　152
複利：時間越長，效益越可觀　156
省吃儉用難存資產，但投資、複利可以　159
十九年不間斷，讓我穩穩賺六％　162
看不見的虧損：購買力貶值　165
我的投資標的，全球平衡指數型基金　169

第五章 跟你的父母、子女、另一半談錢 179

不管結婚、單身，都很花錢 181
結婚前，先確認用錢價值觀是否一致 184
零到六歲，國家跟你一起養 185
補習與才藝，和孩子找到共識，才不白花錢 189
退休金必不夠應付開銷 191
看護父母要準備多少錢？ 194
照護父母要有限度，別把自己賠進去 197
如果生病了，健保有用嗎？還需要另外保險嗎？ 199
規畫符合自己需求的醫療保險 206
三種情況，不用考慮投保壽險 208
工作失能險是必要的嗎？ 210
我該買房還是租屋？兩個答案都對 212

買房與租屋的優缺點 215
哪些人要買房？哪些人得租屋？ 217
在確立家庭結構與生活方式前，購屋務必注意 219

第六章 財富自由，現在就要開始規畫 221

從年輕開始準備幸福的老後生活 222
退休後可以領到多少年金？ 224
年金保險制度的保障範圍，不只在退休後 230
年金應該提前領延後領？ 230
公司沒有提撥退休金怎麼辦？ 232
年屆退休，職涯不退休 234
退而不休，創造自我價值 237

因為退休金可能不夠用，所以我們更需要副業 239
現在開始找副業，那是老後的經濟來源 241
副業不限年齡，一輩子都能賺錢 243

後記 掌握收支、善用投資，就能跨過經濟衝擊 245

推薦序一

只要開始起步，人人都能FIRE

《散戶的五十道難題》、《高手的養成》系列暢銷書作者／**安納金**

我前陣子遇到一位朋友，他說以前年輕氣盛到處闖蕩，賺多少、花多少，毫無理財概念，直到年近四十，有了家庭、生了小孩之後，才驚覺理財觀念之可貴，為過去的歲月蹉跎感到懊惱，焦慮的問我：「現在才開始會不會太晚？」

我跟他說：「只要開始，永不嫌遲。」絕不要因為起步比別人晚，就覺得落後人家，因為理財根本不需要跟別人比，重點是在於自己！唯有透過長期、有紀律的理財，才有可能提早FIRE（按：Financial Independence, Retire Early，財務獨立、提早退休）。

此書來的正是時候！按照此書的架構，舉例從三十七歲開始執行三步驟，然而實際上也可以從四十歲開始，即便晚開始，也勝過沒開始。

我相當認同作者提到一個重要觀念：「非常不建議在自身財務狀況還沒有改善之前，就貿然投資。因為當你還不了解投資標的，且在資金不夠充裕時，就勉強自己開始投資，便會因為急著想要快速獲利，而小看投資，甚至因為失去財務的彈性，而遭遇到不可測的風險！」這與我常說的「無恆產者，必無恆心」，是相同的道理。

不少人都嘗試過投資股票或基金，甚至期貨、選擇權或權證，卻沒有得到原本預期的成果，甚至慘賠而黯然離場，追根究柢，有很大一個原因是混淆了**「投資」和「理財」，這兩者絕對無法劃上等號！**

理財，是每個人一生的財務規畫，人人都必須面對生老病死所需的財務需求，不可能逃避得了；投資，則是理財行為當中的一部分而已，透過選擇合適的投資工具，有紀律的執行長期投資，往往可以產生複利效果，加速財富的增值以及累積。

更確切來說：理財是必須的，投資則未必。若連基本的理財規畫都做不好，貿然使用不是閒錢或借來的資金來投資，往往會賠錢收場。

至於理財，肯定是越早開始規畫、越早為自己的人生財務負責越好。

此書是理財類書籍中極具參考價值的選擇之一，尤其是對於起步相對較晚的族群，透過此書所提供的觀念和實際做法，絕對可以省掉好幾年瞎忙的時間，提早享受退休生活。我樂於推薦給大家！

願善良、紀律、智慧與你我同在！

推薦序二

調理有錢體質，具象化美好未來

《股海老牛最新抱緊股名單，殖利率上看8%》作者／**股海老牛**

從十八歲上大學時開始打工賺錢，到畢業後有份正職收入，我一直都有存錢的習慣。但直到三十三歲準備結婚前，我才深刻意會到，存款簿上的數字好像沒有什麼變化。「只要現金夠用就好」這樣的隨性理財，就是讓我存款簿始終單薄的根本原因。

「錢四腳，人兩腳」，當初不好好思考金流與規畫財富，現在只能汲汲營營的追著錢跑。

金流斷炊焦慮困境

關於金錢收入與支出的所有行為，能客觀的意會到其所帶來的影響，就是「錢意識」。作者曾為兩萬三千個家庭做過財務顧問，總結出一個心得：大多數人都錢意識不足。對這類人來說，只要好好工作，就能獲得足以支應日常生活開銷；只要薪資準時入袋，不需要刻意節儉，也不至於窮到月底要吃泡麵。但到了關鍵時刻，才面臨錢不夠用的苦惱。

書中也有案例告訴我們，即使是高收入的族群，在未做好財務規畫的情況下，一旦碰上金流斷炊的衝擊，也會踏入金錢焦慮的困境當中。

三點實用理財建議，幫你調理有錢體質

帶著錢意識消費，就會懂得如何儲蓄。許多人理財失敗，主要是因為缺乏簡單又具體可行的一套計畫。作者提供你三點建議，才不過十二個字而已，就足以解決

你無法持續理財的問題：

1. 抑制支出。
2. 提高收入。
3. 增加存款。

只要遵循這三點建議，便能朝著正確的理財方向前進。像我一開始便是**從記帳開始，抓出不必要的支出，辨識出「想要」還是「需要」的花費**，進而控制每個月的開銷。記得找個具體的理財目標，更幫助你具象化未來的美好。

理財是理一生之財富，並非解決燃眉之急的金錢問題。現在的我先掌握支出切入、以減少浪費為手段；**投資則是以我所推行的「抱緊處理」觀念**（按：相關內容請參閱《股海老牛專挑抱緊股，穩穩賺一〇〇％》、《股海老牛最新抱緊股名單，殖利率上看8％》〔大是文化出版〕），來建立被動現金流，並且定期確認家庭的整體財務狀況。

每個人都具備著有錢體質，只要建立正確的錢意識，認真面對自己的財務狀況，準確掌握收支、善用投資與儲蓄，作為我們抵禦財務衝擊的城牆。將這本書推薦給年輕人閱讀，幫自己從頭到腳好好調理有錢體質吧！

推薦序三

擁有閃亮金幣之前，要先養成有錢體質

聆韵企業管理顧問創辦人／**徐慧玲**

「你記得自己昨天總共花了多少錢嗎？」在開始閱讀這篇文章之前，你能否回答這個問題？如果一時想不起來，也沒關係，因為就連我也沒辦法立即回答。

剛接到出版社的推薦邀約，我媽媽還對我開玩笑：「這本書談的是養成有錢體質，應該讓有力人士來推薦，怎麼會找妳這個平凡女性呢？」

一開始我也挺訝異，完全沒能反駁，但讀完書稿後，發現關鍵的原因，作者橫山光昭在書中舉的案例、討論的家計理財議題，我現在正經歷一半以上的課題。

因為倍速前進的人生，我和橫山光昭一樣，在二十五歲時育有兩個孩子，而我也和先生共同經營管理顧問公司，面對兩個孩子的教育費，以及籌備新創公司的費用，我經常有著「想存錢，但很難存到錢」的困擾。或許是吸引力法則，讓我與《養成有錢體質》相遇，幫助我釐清現況。

橫山光昭和讀者分享，擔任家計再生顧問接洽的案例，以生活化口吻，陪伴讀者打造不為錢焦慮的家庭理財術，讓理財與生涯規畫幾個詞，不再如此生硬，貼近日常的情境，總讓我對號入座，像是書裡提到K太太（見本書第三十三頁的案例一）的諮詢經過，就是我正在經歷的狀況呀！

比起過往接觸的理財書，打著速成有效的賺錢公式，《養成有錢體質》教會我兩件事情：

第一，有意識的花錢，就能存錢。

要能專注於我現在所擁有的資源，別急著進行投資理財規畫，要先讓支出小於收支，不斷增加存款金額，否則就會一如既往。覺得記帳好累，總是半途而廢，最後甚至還買一杯咖啡，犒賞努力抑制欲望的自己，最後就常常出現「明明我每個月都有記帳、收集發票，但就是存不了錢……」這類的想法。

第二，重要、不緊急的小事，才是長期影響我們能否存下一筆費用的關鍵。例如，以作者的角度來看投資，不僅僅是創造被動收入，無形的進修也是一種自我投資的方式，包含參與講座、培訓課程，或者購買書籍等，都是能幫助人們自我實現、創造理想人生的方法。

文章最後，你想起來自己昨天總共花多少錢了嗎？

如果還沒，一點也不打緊，藉由作者提到第一個月的理財方式，和自己建立一個約定：「**先記帳，但不用刻意省錢。**」期待三十天後的改變，跟隨橫山光昭的引導，一起打造有錢體質吧！

推薦序四

投資理財不困難，務必把握三原則

粉專「寶可孟的理財記事本」版主／**寶可孟**

在我成為理財達人寶可孟之前，我只是一個平凡人。還記得在二〇〇八年，臺灣發生「卡債風爆」時，我還是個大學生，師長跟父母都說不要碰信用卡——那是名符其實的洪水猛獸。

當兵退伍後，我開始了解家裡的財務狀況，猛然發現家裡的信用卡帳單都只繳最低應繳金額二〇％（目前信用卡循環信用利率已調降至一五％），一筆十萬塊的卡費，居然繳了三、四年都繳不完！

為了要理解什麼是循環信用利息，我特別去研究信用卡，才發現這個「塑膠貨幣」真的是害人不淺，因此我馬上跟父母討論，把家裡的土地拿去農會做小額貸款，才把信用卡帳單給全額繳清，結束這場鬧劇。

除了家裡的信用卡帳單，還有一堆保險費的單子也引起我的好奇心。於是我便一一了解家人買了哪些保單、保障是否足夠，甚至也上網研究怎麼繳保費，才能省下最多錢。

當我清點家人的保費後，接下來就是自己的保單健檢。那時剛好有一位臺北朋友在保險公司任職，因此我請他幫忙把一些保障不足的險種給補齊了，最後他問我一句話：「要不要用信用卡扣繳，再省二％？兼有十二期零利率的好處喔！」

這句話引起我極大的興趣，畢竟同樣是繳錢，用帳戶 ＡＣＨ（按：代收代付業務，為臺灣票據交換所發展完成的一個處理大宗的跨行轉帳交易系統）扣繳僅有一％的折扣，就是圖個繳款方便而已。但信用卡的好處在此彰顯出來，我的眼睛都亮了起來。不過當時的我還沒北上工作，並沒有一個穩定的收入來源，不見得能夠辦下信用卡，著實讓我感到不安。但我的保險業務員說：「沒關係，送送看！有送有機會，過了算賺到。」

果不期然，信用卡沒有核過，因此我只能乖乖用帳戶扣繳保費。這件事也讓我深受打擊：原來我辦不下信用卡！為了要一雪前恥，我便開始努力在網路上找資料，了解什麼是信用卡、卡片有哪些回饋的模式、市場上最受歡迎的神卡有哪些等，而這之後發生的故事，我在著作《寶可孟刷卡賺錢祕笈》（大是文化出版）裡有提到——從第一張信用卡開始，收集到第四百七十七張（目前已來到五百零八張），寶可孟已是全臺灣最懂信用卡、最會靠信用卡省錢的理財達人。

投資理財不困難，請務必把握三個原則：「花得少、賺得多、投資得好。」本書作者橫山光昭透過一個又一個生活上的實例，讓你先**從記帳開始抓漏**，找出生活中花錢的漏洞，並且把它修補起來（花得少）；接著介紹開創副業的優缺點，讓你的斜槓身分，為你帶來更多收入（賺得多）；最後也是最重要的，帶你一起做資產配置，從投資工具與風險規畫中，**找到適合自己的投資哲學，讓複利替你的本金翻倍再翻倍**（投資得好）。

序章

我幫助兩萬三千個家庭養成有錢體質

身為專業協助家庭整頓財務的顧問，我至今已接受超過兩萬三千人的委託，且深深感受到大家的家計煩惱：有些人就算有高額存款，仍對未來感到極度不安；有些人儘管每個月努力的節省開銷，卻依舊入不敷出；還有人十分苦惱，不管怎麼存錢，都無法存到預期數字；甚至有人因被另一半責怪生活習慣太浪費，而強迫自己做家計諮詢；還有一部分人因遇到新年、歲末或休連假時，忽然多出空閒時間，才想到要開始關心家計。

我認真面對每個人提出的煩惱，並活用自身的經驗來幫助大家，包括將這些內容撰寫成書。例如，將存錢的方法集結成《月薪兩萬二也要存到錢！九十天十倍儲金術超強實踐寶典》等書。

我想先請問各位讀者，你有儲蓄的習慣嗎？現在有多少存款？與你同行且年紀相仿的其他人，其財務狀況又如何？

日本金融廣報中央委員會發表「關於日本家庭金融行為的民意調查」（按：類似臺灣的家庭收支調查），在數據中顯示，日本民眾平均儲蓄金額的概況為：兩人以上家庭的平均存款，約一千一百三十九萬日圓（按：全書日圓以臺灣銀行一月公告之均價〇．二七元計算，約新臺幣三百零八萬元）；單身者的平均存款，約六百四十五萬日圓（約新臺幣一百七十四萬元）。

若以中位數（按：將儲蓄金額由小至大排序後，取中間位的數字來看）：兩人以上家庭的儲蓄金額中位數，約四百一十九萬日圓（約新臺幣一百一十三萬元）；單身者的儲蓄金額中位數，約四十五萬日圓（約新臺幣十二萬元）。

另外，有投資金融資產（按：指廣義的無形資產，亦即能為持有者帶來流動收入的資產，如銀行定存、債券、股票等）的家庭，其儲蓄狀況為：兩人以上家庭的平均存款，約一千五百三十七萬日圓（約新臺幣四百一十五萬元）；單身者的平均存款，約一千零五十九萬日圓（約新臺幣兩百八十六萬元）。

從中位數來看，兩人以上家庭的儲蓄金額中位數，為八百萬日圓（約新臺幣兩百一十六萬元）；單身者約的儲蓄金額中位數，為三百萬日圓（約新臺幣八十一萬元），見下頁圖（按：臺灣所得平均數與中位數，見三十一頁圖）。

在以上的統計數據中，雖然沒有特別區分出不同世代的儲蓄狀況，但你看完這份調查結果後，有什麼想法？是沒想到其他人的存款，竟然比自己想像的還多？還

日本人平均儲蓄金額

兩人以上家庭：1,139 萬日圓

單身者：645 萬日圓

中位數

兩人以上家庭：419 萬日圓

單身者：45 萬日圓

日本人平均儲蓄金額

（有投資金融資產者）

兩人以上家庭：1,537 萬日圓

單身者：1,059 萬日圓

中位數

兩人以上家庭：800 萬日圓

單身者：300 萬日圓

■ 臺灣人可支配所得平均數
每戶家庭：新臺幣 106 萬元
每人：新臺幣 35.1 萬元
■ 中位數
每戶家庭：新臺幣 90.5 萬元
每人：新臺幣 30.3 萬元

資料來源：行政院主計總處，2019 年家庭收支調查。

是認為自己儲蓄狀況還算不錯？

但容我在此直白的說，這些統計不過就只是數據資料罷了。

以學術研究來說，這些數據資料或許挺有用的，但每個家庭所面對的真實家計狀況都各有不同，所以我也不會因此建議他人：「由於有金融資產的單身者，儲蓄中位數為三百萬日圓，所以你至少要存三百萬日圓，才符合標準。」

相對於剛出社會、正在奠定經濟基礎的二十歲世代，以及即將從職場畢業，準備開始思考如何規畫老後生活的五十歲世代，三十歲後段與四十歲世代之間的生活樣貌，可說是每個人都不一樣，對財富規畫與對金錢的處理態度更是五花八門。

努力存錢，但存款簿上的數字卻沒變化

許多人在進入三十歲後段時，會逐漸調整生活步調與盤點自身現況：例如獨居者，通常會養成特有的生活節奏，找到舒適的方式來過日子；與父母同住者，跟原生家庭的相處模式磨合到漸趨穩定；跟另一半或小孩共同生活的小家庭，也摸索出最適合彼此的相處方式，正安穩的享受日常。

但相對於家庭生活來說，這個世代的工作者在職涯上卻異常忙碌，既要扛起沉重的職場責任，又得做好前輩角色以培養新人。在充實的工作與生活中度日，不知不覺又過了一年。在忙碌緊湊的步調下，要抽出時間好好思考金錢與財富規畫，真的很不容易。

再加上，對大部分的人來說，只要好好工作，就能獲得足以支應日常生活開銷的收入；只要薪資準時入袋，就算沒有做到「節省、節省、再節省」的勤儉程度，

家計也還過得去。

大部分人都是抱著「存錢速度慢，也是無可奈何」的態度生活。對三十歲至四十歲的世代來說，因工作與生活忙碌，導致沒時間深入思考未來的財務規畫，幾乎成為一種普遍的狀況。

因此，只有極少數人能嚴謹管理家計，逼自己有計畫的存錢，確實的記錄家庭收支，每季定期確認整體家庭的財務狀況。

不過，既然你對本書感興趣，並且拿起來翻閱，我相信你的內心深處曾閃過茫然不安：「這樣下去，真的沒問題嗎？」、「好像該考慮有關錢的事情了。」

接下來，我先從曾找我諮詢家計問題的個案中，選出三個案例來作為引言的介紹，希望你在一邊閱讀時，能一邊記錄當下的感想，以作為參考。

案例一　年收入比平均所得高，錢卻老是不夠用

前來諮商的K太太約五十歲，她跟丈夫都有工作。膝下有三個小孩，長男剛考完大學，全家的月收入約七十萬日圓（約新臺幣十八萬九千元），生活過得算是相當充裕。

在K太太來諮商家計的三個月前，K先生被診斷出罹患癌症，不過因發現得早，所以只要透過手術治療，高機率能痊癒。但在住院、出院以及術後的恢復期，K先生都無法上班，K太太因此對日後家庭收支感到不安，於是來找我諮商。

根據K太太的描述，夫妻倆人十分重視子女的教育與生活環境，所以不只投入相當多的資源培育子女，如上升學補習班，學習鋼琴、舞蹈等才藝；他們也很講究食材，以維持飲食品質。也因為如此，即使家中整體月收入高達七十萬日圓，還是有幾個月會入不敷出。

再說到他們的儲蓄狀況，過去存款金額最高時也只有二十萬日圓（約新臺幣五萬元），在諮商的當下，家中的存款只剩十萬日圓（約新臺幣三萬元），幾乎可以說是沒有儲蓄。

雖然K先生在生病休養期間有微薄的傷病給付，但跟上班時的月薪資五十萬日圓（約新臺幣十四萬元）相比，仍遠遠不足，這段期間，家裡的月收入降到四十萬日圓（約新臺幣十一萬元）以下。這還沒有計算長男若順利考上大學，會產生一筆必要支出，也就是註冊費。如果不去借錢，小孩的註冊費就會產生缺口。

其實，就連年收入超過八百萬日圓的高所得家庭，也常常會發生「沒有備妥預備金」的家計問題。

這是因為他們只關注現金流，於是掉入「只要現金夠用，就可以放心」的陷阱中。哪怕家計偶爾出現赤字，但只要挪用一下獎金或動用信用卡等，通常也能平安撐過去。而這種「反正錢再賺就有……」的錯覺，正是他們無法按部就班、好好存錢的元凶。如果當事人的健康狀況良好，可以持續工作，多半也不會有什麼立即性的危機。但若像K太太一家，突然碰到收入大幅減少的意外狀況，便會立刻感受到沒有存款對家計造成巨大的衝擊。

為了避免發生這樣的慘劇，平常必須留意支出的管理、確認是否有過度浪費的開銷、重新檢視家中的金錢流向，這些都是相當重要的事。

案例二　我有心存錢，卻沒錢可以存

前來諮商的A先生，是四十多歲的已婚上班族，妻子是全職的家庭主婦。全家的月收入約為二十六萬五千日圓（約新臺幣七萬元），每年的獎金約有八十萬日圓（約新臺幣二十二萬元）。A先生在三十八歲時，貸款兩千八百萬日圓（約新臺幣七百五十六萬元）買了一戶中古公寓。雖然目前家中的財務都交給老婆負責管理，但A先生對家計感到不安，所以特別來找我諮詢。

他之所以感到不安，是因為當他考慮要將房貸轉貸（按：指將現有房貸餘額，交由另一家銀行承作）時，稍微評估收支狀況，這才發現家中存款數額跟自己預期的有很大落差。雖然A先生坦承：「當然，我知道自己的收入算不上多好，就現實層面來說也是沒辦法的事。但我沒有小孩，我還以為每個月多少有一些餘裕能存一點錢。」

A先生會開始研究房貸轉貸，是因為人生邁入四十歲後段，得開始為老後生活做準備，畢竟媒體報導說：「老後至少得存兩千萬日圓（約新臺幣五百四十萬元）才夠用。」

以A先生一家的現況來評估，就算想認真存錢，也只有一年兩次的獎金收入，才能稍微增加存款金額的水位。但讓人困擾的是，這些獎金收入，還得撥出一部分來補貼每個月家庭出支缺口，再扣掉預還的房貸本金，剩餘的錢才能儲蓄。

當我們檢視A先生的家庭收支時，發現以他們家的月收入來說，房貸支出占比非常大，讓家計產生極大的負擔；而且因為夫妻外食頻率稍高，也造成一筆不小的開銷。

就現況來看，最重要的第一步：必須先把每個月基本支出，調整到收入可負擔的範圍。如果A先生一家，繼續用獎金收入來填平整年度的支出缺口，那麼，A先生絕對無法每個月存錢。

想存下一定數額以**確保未來**有安穩的**生活**，絕對**有必要先改變眼前任何跟錢有關的小事**，例如，將房貸轉貸到條件比較好的銀行，以減少每個月的房貸負擔，或在薪水入帳後，立刻將部分金額轉到不會動用的儲蓄帳戶等。哪怕數額不高，都請先試著設計出能讓自己穩定儲蓄的機制。

案例三　想投資，但不能盲目投資

B先生，四十四歲、單身。因為聽到iDeCo（按：個人型確定提撥制年金，類似臺灣的勞保退休金提撥制度，亦即企業每年提撥一定數額的退休金，而勞工自己也能扣繳一定比例給信託機構保管運用。待勞工退休時，再以年金方式來給付，要六十歲以後才能支領）可以節稅，所以加入 iDeCo 帳戶。

B先生月收入約為三十五萬日圓（約新臺幣十萬元），每年獎金收入近兩百萬日圓（約新臺幣五十四萬元）。他在距離公司不遠的市中心租屋、擁有私人轎車，每年也會安排幾次出國旅行，優雅的享受單身貴族的生活。

他目前存款約有一百萬日圓（約新臺幣二十七萬元），不過從他的收入來看，這樣的存款金額其實不算多，但他本人對此並不在意。在這樣的現況下，B先生會對 iDeCo 感到興趣，是因為他想用投資來增加收入，並把這筆錢作為結婚基金，以進一步改變目前的生活。

比起用勞力賺錢，以投資的方式來增加資產，確實是個聰明的選擇。但在實際投資前，其實還有許多應該要先做好的準備。畢竟單憑著傳聞或直覺，如「感覺好像不錯」、「在各大媒體都討論得很熱烈」就貿然投入，其實非常危險。

最重要的，是**投資前請再三確認你的投資目標是什麼**，以及你所選擇的方式是否能達成。

分析B先生的現況，他比起其他有家庭、需要養育小孩的同齡者來說，一個人生活的開銷應該會比較低才對，但他的日常支出中，非必要花費的占比非常高，且存款少。此外，我和他諮商的過程中，發現他根本不知道iDeCo的制度是「一旦開始提撥，原則上要持續到六十歲才能開始用年金領回，而且中途無法動用這筆資金」。B先生只聽到可以節稅，卻沒做好準備，就貿然投入。

我其實很贊成三十歲至四十歲世代的人積極參與各種投資，畢竟這是為了將來擁有穩定資產，所不可缺少的選項。但是像B先生這樣的案例，沒有盤點過自身目前的財務狀況，就倉促的開始投資，幾乎都沒有辦法順利達成目標。

有心存錢，就一定能存到錢？沒這回事

看完以上三個案例之後，你有什麼想法呢？

無論哪個案例，目前都沒有背負龐大的債務，所以從家計的角度來看，生活還

沒亮起危險級警示燈。但高齡時代來臨，要讓自己活到七、八十歲都還能安穩的度過餘生，就代表必須有足夠的金錢與財富來支撐生活，只要這麼一想，心中似乎開始敲響警鐘。

為什麼有些人的家計會出現危機呢？

這是因為他們沒有遵守財富管理的基礎規則。

前述的案例都有各自不同的問題：例如，案例一必須掌握家計現況，重新檢視開銷；案例二需要建立能穩定儲蓄的機制；案例三則得在投資前，預先做好功課。

總結來說，想重新整頓入不敷出的情況，讓家庭收支的赤字轉正並增加存款，進而展望光明的未來，其中最不可或缺的，就是運用財富基礎知識。這也是我在進行家計諮商時，一直強調的重點。

像案例一的案例，K太太一家的收入比平均所得還高，卻完全不清楚家中實際的開銷狀況，也無法擁有穩定的儲蓄。而案例二，A先生因為無法好好掌握收入與支出，所以總是為存不了錢而感到煩惱。這些情境在家計諮商中，可說是屢見不鮮。我由衷希望你的財務狀況，不會跟案例一或案例二一樣。

如果你總以為「只要薪水增加，儲蓄就跟著增加」或「只要我有心想存，就一定能存到錢」，那你千萬要小心。因為不認真審視自己的支出習慣，對財務狀況來說，不會有任何改變。畢竟，這可不是靠時間或有存錢念頭，就能解決的問題。

沒辦法存錢的家庭，基本上都有以下狀況：收入（每個月幾乎一樣）－支出（沒有確實掌握金額，想花就花）＝無法存錢。

舉例來說，雖然不至於入不敷出，但是月光族常花到一毛不剩；或是每個月寅吃卯糧，等著公司發獎金用來彌補缺口。

改善這些情況的方法，我會在第二章與第三章詳細說明。

此外，我非常不建議在還沒改善自身財務狀況前，像案例三一樣貿然開始投資。因為當你還不了解投資標的、資金也不夠充裕時，就勉強自己投資，便會因為急著獲利，而小看投資，甚至因為失去財務的彈性，遭遇到不可測的風險。

世界上絕對沒有一投資就賺錢這麼好的事！

哪怕在書店裡有關投資理財的相關書籍，書名總暗示「短時間、高報酬」，但九九％寫出這類書籍的作者，都有許多慘痛的經驗，並且一而再、再而三的反覆鑽研，最終才獲得研究成果，成為投資專家。

所以我個人推崇的投資祕訣無他，就是**讓支出小於收入，持續增加存款金額**。接著，挪出一部分資金，用於穩健型投資。我會在第四章詳細解說穩健投資的具體做法。

雖然某些資深投資人認為這麼保守的做法，只是很基本的操作技巧，一點也不刺激。這確實也不是什麼能快速存到錢或迅速增加財富的祕技，但這個方法的關鍵，在於這是任何人都能理解、且能具體落實的有效方法。

這就像我對你說：「請重新檢視自己用錢方式，省下不必要的開銷，一點一點的慢慢存錢，並把多餘的資金用於投資。」我相信你會想：「這樣說是沒錯啦！這不是老生常談嗎？」但很多人連這麼基礎的金錢與財富規畫，都很難做到，不論是十幾歲的小毛頭到三十幾歲的成年人，甚至是六十幾歲的銀髮族都一樣。

為什麼這麼難落實基本規則？

其實，這是因為心理干擾我們無法做出正確的判斷。

用三個問題，檢測你對金錢的態度

接下來有三個關於錢的問題，請你一邊回想自己過往至今的用錢方式，一邊想像當自己面對這些情境時，你的答案會是YES還是NO。

問題一：

在新年期間，你因看到廣告而決定好好鍛鍊身體，於是加入健身房成為會員。雖然當初是被「免費加入會員」、「入會當月免繳會費」等優惠所吸引，但轉眼間已過了半年，自己竟然沒去過健身房，肌肉量與體脂肪率當然也毫無改變。你可能會催眠自己，等有空時，就開始認真健身；偶爾想放棄，但覺得辦理退費實在太麻煩了；甚至，就這麼保留會員資格好像也沒關係……。

你曾經有過這種想法嗎（YES）？還是從未想過呢（NO）？

諮商家計時，我經常會聽到類似的狀況。

例如，當你開始在意體重增加或運動量不足時，剛好看到附近的健身房推出優惠「免費入會」，於是你告訴自己，可以趁這個機會加入會員，給自己改變的契機。但是等你再次意識到這件事時，才驚覺自己成為會員後就幾乎沒去過健身房，唯一持續的，只有固定的扣繳月費。

一般來說，健身房的月費約數千日圓不等。雖然偶爾會覺得繳錢卻沒去健身房，好像有點浪費，但因為不是直接從錢包掏出現金繳給健身房，所以自己幾乎沒有付錢的印象。儘管這筆錢確實被花掉了，但又不免覺得，要特別跑去辦解約手續很麻煩。這種狀態在心理學中，被稱為「現狀偏差」（status quo bias）。

現狀偏差，是指人在被迫面對選擇時，比起對未知獎賞的期待感，對未知損失的恐懼感會更為強烈，因此人們傾向於選擇維持現狀。這是人類與生俱來的生物本能，在日常生活中的各種行為，也大多都會受到這種心理狀態的影響。

例如，某間公司開出更好的待遇條件，邀請你跳槽到他們公司，且新職位的工作內容，跟你目前的任務和職掌差異也不大。單純從這些客觀條件上來判斷，轉職應該是比較好的選項。

但只要你當下沒有立即做出決定，隨著考慮時間越久，大腦就會自動幫你找出所有維持現狀的理由，包括「很熟悉現在的職場環境，突然轉換工作到陌生的地方真的好嗎？」、「目前的人際關係很融洽，轉職之後，不知道會不會一樣順利？」這些讓你裹足不前的想法，都是現狀偏差在作祟。

再回到跟錢有關的案例。雖然我們知道，要花時間檢視跟調整每個月的固定支出，例如健身房的會費、手機月租費、以及定期保單的保費等，以減少每個月要負擔的金額。但我們很容易冒出「可是……還是算了……」的想法，因而讓行動停滯不前。

這些零碎的開銷加起來，會成為壓垮大多數人每個月家計狀態的壓力來源。如果能客觀、理性的意識到，這些都是現狀偏差帶來的影響，以至於自己無法果斷行動、改善生活，那就逼自己訂下具體的時間期限，制定出讓自己能立即行動的計畫。

以健身房為例，我們可以這樣告訴自己：「從下個月開始，如果我沒有去健身房運動超過四次，就在當月的三十日晚上七點，辦解約手續。」並將這個條件確實寫在行事曆上。為了提高實踐可能，你可以將內容告訴家人、另一半或好朋友等，甚至，乾脆就發布在自己的社群平臺上。

總之，要設計出一個能讓自己確實執行的計畫，不要再給自己有選擇的空間。

問題2：

保險公司的業務員強力的推銷壽險，經過對方當面解說後，你已經能理解各式商品的主要內容，進而決定選購「基本型」保險方案時，對方卻建議你應該買涵蓋範圍比較廣的「綜合型」保單。雖然你心裡有點在意高額保費，但被對方半推半就下，還是回答：「好吧！」就這樣買下超出原本預算的保單。

有時當我們考慮該不該購買某件商品、或要不要簽定某個合約時，在猶豫與抉擇的當下，人的心理狀態會處在緊張與專注中。當我們做出決定，確定要買下商品或簽定合約時，這份緊張感會逐漸消除，我們也會出現注意力渙散或降低心理防衛等狀況，這種現象被稱為「緊張降低、壓力解除」（Tension Reduction）。在這種心理狀態底下，我們特別容易接受對方的提議，也最容易發生衝動購物。

例如，你去車行決定買新車，也選好車身顏色與地墊款式，很容易不小心因聽車行業務的推銷，而順便加購原廠的導航車機與鋁合金輪圈等，這都是因為你處於容易衝動購物的狀態。

再舉一個生活中常見的案例：當我們在速食餐廳點餐時，店員最後都會多問一句：「薯條或可樂要不要加大？」這正是看準了緊張正在趨緩的鬆懈瞬間。

因為降低緊張、解除壓力，人進而進入衝動購物狀態。在高單價商品交易與合約簽定中，特別容易出現這種情況，畢竟關係到的金額越龐大，人在作決定時，也會越加緊張。

舉例來說，在你決定購買一部兩百五十萬日圓（約新臺幣六十八萬元）的新車時，聽到業務員推薦原廠導航車機只要十五萬日圓（約新臺幣四萬元），相較之下，比新車低很多，我們就會產生錯覺認為「價格相當划算」；如果單買一部車機時，我們就會遲疑：「只是一部車機，竟然要十五萬……。」並給自己多一點時間考慮。

人生中總會有幾次面臨高額交易的重大時刻，例如購車、買房、購買長期保單等，此時請務必提醒自己，是不是處於衝動購物狀態，買了超出自己預算的項目。有時候因為衝動下決定，其代價可能得多花上幾十年慢慢攤還，進而吃光了你四、五十歲後的財務彈性與空間。

問題3：

手上持有的某檔股票股價大跌，雖然根據自己的交易紀律，應該要立刻停損賣出。但我們總是會安慰自己「科技股有波動很正常，過一陣子就回來了。」、「這檔股票的基本面不錯，除權息之前，應該會有一波行情吧！」然後說服自己繼續凹單，無法依照紀律來斷然處置。

假如你手上持有某公司的股票，但該公司因發生重大爭議事件，導致股價開始崩跌，眼看重大事件似乎會長時間影響股價，而你所持有的帳面虧損也越來越高。一般來說，比較聰明的做法，應是冷靜思考，趁相對損失較小的時候，盡早脫手持股，為自己保留最大數額的現金，等哪天重新整頓旗鼓之後，再考慮挑選其他的投資標的；但是在感性上，我們卻總是會幻想著：「說不定哪天爭議事件被解決，股價就會漲回來。」

我在長年從事各種投資活動的過程中，領悟到「要嚴格執行停損，讓自己在虧損時出清持股」，確實需要勇氣。讓我們在虧損中猶豫不決的，是一種被稱為「沉沒成本」（sunk cost）的心理作用。也就是說，對於那些已經投入或付出，卻無法回收的事物，我們總是會產生出「我都花這麼多心力了，難道要在這個時候放棄嗎？我辦不到」的情緒。

「都已經到○○的地步了，要放棄實在太可惜了！」這種感受，不只源自於惋惜自己所投入的金錢，更包括了不捨得投入的時間與勞力。以剛剛投資股票的案例來說，包含花時間查資料、做功課、下判斷、做決定等所有心力，還有最後實際投入的資金，才使我們難以決定出脫手上的股票。

所謂的沉沒成本，就是過去已經付出，且不可能再回收（已經沉沒）的成本（含金錢、時間、心力）。我們可能都曾經聽過別人這樣安慰：「事情都已經發生了，既然無法改變過去，就放眼未來吧。」提醒大家，在決定未來方針時，不要沉浸在負面情緒中，要冷靜思考未來的損益，才能做出適當的判斷。

總結來說，人們很容易糾結「捨不得」或「假如○○，就可能●●」等不切實際的希望上。把這樣的糾結，放在節省家計或購物比價上，或許能會帶來一些好處；但是對於投資來說，「捨不得」可能讓我們做出不理智的判斷。

能否存錢，關鍵是從小地方改用錢習慣

由於我經常幫助家計陷入赤字的家庭諮商，所以在採訪或演講等場合，很常被問到：「能存到錢的人跟不容易存錢的人，各有什麼特徵？」

我通常會舉出以下這些情境，來形容一般人想像中不容易存到錢的人的特徵：

- 為了特價品而去店家消費，最後卻買了其他不一定需要的東西。
- 只要有人邀約，就算手上沒錢也會參加聚會。
- 雖然想準時跟人碰面，卻不知不覺遲到了。
- 懶得拿收據，也搞不清楚錢包裡還剩多少錢。
- 比起關心退休後的規畫，更在乎明天能怎麼過。

這些狀況通常都會讓人聯想到：散漫、意志力薄弱、容易被誘惑，或只顧眼下、不思考未來等。但老實說，有些能存到錢的人，也有這些特質。再加上前面說的現狀偏差，讓人只願維持現狀而不肯改變；或因降低緊張、解除壓力，而進入衝動購物狀態；捨不得沉沒成本而做出錯誤決策等。這些幾乎是人人都有的通病。因此要透過上述這些特徵，來區別哪種人容易存到錢或不容易存到錢，並非易事。

我認為最主要的關鍵，在於能察覺出自己的弱點，用客觀態度來看待一切事物，以及有自覺自己當下的心理狀態，可能會阻礙自己做出正確判斷，並為此找出對策者，這才是能不能存到錢最大的區別。

所以對不容易存到錢的人來說，因為他用錢的基本觀念（後面章節會詳細介紹）有了偏差，且在這種情況下，很難一口氣調整所有問題。因此我建議從小地方開始慢慢修正，只要一點一滴的調整，就能改變用錢方式。

再者，我們常常會因為不理性，所以輸給眼前的欲望而花錢，老實說這也是沒辦法的事。但只要能多了解自己及財務相關的知識，相信就能減少挫敗的次數。

總之，不論對幾歲的人來說，用錢的基本觀念都非常重要。也許你已經出社會、踏入職場超過十五年，也許你對工作得心應手、對個人的生活方式也有風格與品味，但從現在開始，請撥出一點時間，好好思考關於自己的財富與人生吧！

第一章

最快存到 100 萬的超強理財術

假設從大學畢業開始算起，當你踏入社會第十五年，約莫三十七歲。

這時的你，很可能在公司已經占有一席之地，是眾多後輩與部屬學習的對象；或你決定要轉換跑道、甚至打算創業、自立門戶等。在漸趨穩定的職場生涯中，你已經能看到未來發展的樣貌與輪廓，但是距離可以退休領年金的六十五歲，卻還有整整二十八年。我們通常會稱在這個階段的人是社會的中堅分子。

有金錢焦慮，是因為你搞不清楚三件事

前來向我諮商家計的客戶中，占比最多的兩大類，分別是已經邁入四十歲、正面對家計困擾的族群，以及在三十歲後半段，開始擔憂財務狀況，卻苦思不得其解的人。

這兩個族群的共同點是：他們因不了解錢，而對財務狀況感到不安：

- 雖然目前沒有負債，當下的薪水也夠維持生活，就算週末稍微奢侈一點，錢

也夠用。但是未來還能持續保持這種生活品質嗎？

- 明明工作十五年了，卻沒有存到什麼錢，這樣下去真的沒問題嗎？
- 跟學生時期的朋友們相比，自己現在所從事的產業，平均年薪似乎很低。如果繼續堅持這份工作，是不是太吃虧了？
- 曾聽別人說「最好做點投資」，但也不知該怎麼著手，再加上過去對投資的印象不太好，總覺得風險高、容易虧本，所以很苦惱到底該不該投入。
- 從新聞上得知，有越來越多公司發不出退休金，有點擔心自己退休生活會變得怎麼樣。

相較於這群人在工作上展現出俐落幹練的樣子，我跟他們討論財富規畫時，只要越深入對話，就越能發現他們的不安。追根究柢，是因為這些人搞不清楚下面三件事：

1. 不知道自己這輩子究竟需要用到多少錢？

2. 不知道今後自己還能賺到多少錢？
3. 當需要一大筆錢時，不知道可以用什麼方法來準備這筆錢？

簡單分類一下：第一件事，是支出問題；第二件，是收入問題；最後一件事，則是關於儲蓄與投資的問題。

三個建議，打造不再為錢焦慮的超強理財術

與前面三件事相呼應，我在這裡提供三個基礎建議，讓你打造出超強理財術，不再為錢焦慮：

1. 抑制支出。
2. 提高收入。
3. 增加存款。

三個基礎建議

❶ **抑制支出。**
❷ **提高收入。**
❸ **增加存款。**

只要有意識的開始執行任一項，
家計狀況都會有所改善。

聽起來雖然很簡單，但搭配前面提到的三件事，可說是對症下藥，能馬上消除我們對於金錢財務的不安全感。不過，越是簡單的道理就越難實踐，即使是這麼基礎的建議，想要一瞬間達成目標，也只是天方夜譚。所以最初只要有意識的從其中一項慢慢調整就可以了。

如果你現在的財務狀況，已經面臨「每個月都入不敷出」、「已經用信用卡的預借現金來度日」、「需要父母親金援才活得下去」，就算在這種危急狀況下，只要能開始實行這三項建議中的其中一、兩項，多少能改善家計。

只要開始行動，不論做多做少都一

定會有幫助。遵循這些建議，便能朝好的方向邁進。但若你知道這些方法，卻什麼也不做，好的不會更好，而壞的狀況只會更糟。

任何年齡，都能打造有錢體質

本書規畫的三步驟，就是要帶著讀者一步步實踐剛剛提到的三個基礎建議，藉此消除不安全感（見下頁圖）：

第一步↓掌握家庭的財務現況。好好關注自己每個月究竟花了多少，透過數據來客觀檢視家計，學會如何控制開銷。

第二步↓理解哪種方法跟機制可以確實存到錢，再用它來建立可順利執行的理財術。

第三步↓在第一步學會控制支出，在第二步打造能存到錢的理財機制後，最後一年的課題，就是要創造出穩定、被動增值的理財方式。

打造有錢體質
三步驟

第一步
掌握自家的財務狀況

關注自己每個月究竟花了多少錢，透過數據來客觀檢視家計，學會如何控制開銷。

第二步
掌握能確實存到錢的方法

先理解用什麼方法跟機制，可以確實存到錢，擁有能穩定增加資產的家庭理財術。

第三步
創造出穩定被動增值的理財方式

學會控制支出，打造能存到錢的理財機制後，最後一步的課題，就是要創造出能穩定、被動增值的理財方式。

我不建議大家盲目的節省，或是不顧現實的強制儲蓄，畢竟人在邁入四十歲的中年階段，用錢時，應該要更深謀遠慮。像是不能隨意輕忽投資，以及讓自己學會使用金錢的基本觀念等。這些都是為將來做準備時得重視的事。

回顧整個社會形態的轉變，在父母那一代，他們從出社會後，就在同一家企業一直服務到退休（按：即接受終身聘僱制。是日本泡沫經濟爆破前，企業正式員工享有終身受僱待遇的制度，只要不犯大過失，就可受僱用至退休。經歷經濟長期衰退和金融危機後，日本許多公司已停止該制度），這樣的情景已不復見。現代人所面臨的，是一個不斷要求精進自我能力，強調「工作能力＝個人競爭力」的時代。

在我們歷經了二十歲到三十歲前半段後，培養出基礎能力、累積一定的社會經驗，並打算在未來大展身手。這時若能挪出一些時間或金錢資源，來加強個人競爭力，將會是投資自己最有效率的階段。例如：學習各種能提升自己專業能力的領域或項目、嘗試轉換跑道或尋求自立門戶的機會，甚至開發副業或努力考取證照等，盡力嘗試各種可能。

而前文所說的三步驟，重點在於審慎檢視支出、建立能存到錢的機制，並善用所累積的資源來投資自己、提升個人競爭力，為了自己的將來做好萬全的準備。

這麼做，一方面是為了消除自己對金錢的不安全感，另一方面則是透過理財術，累積往後投資自己時所需要的財富資源，這樣的正向循環，最終也能讓你對未來感到安心。

無目的存錢會失敗，你得找個目標

就算是收入不高的家庭，只要一點一滴的省吃儉用，也能讓存款水位持續且緩慢增加。事實上，在我所輔導過的家計案例中，曾出現過年收入兩百萬日圓的家庭，其儲蓄金額比年收入八百萬日圓的家庭還要高。

我相信像這樣理財有術的家庭，並不單靠努力來積攢儲蓄，而是因為他們心中有某個想完成的目標，所以抱著「我要達成這件事」的信念，讓自己認真前進。

這類人有很大一部分是為了開創新事業、或為了實現某個夢想，他們把這個目標當作開源節流的原動力；反之，有些向我諮商家計的人，他們會認真的聽取建議、固執的執行計畫，強迫自己在任何情況下都得堅持，確實節省每一筆開銷。但他們最後往往因為過於壓抑，讓自己幾乎喘不過氣，結果中途放棄。

這就是我在序章提到的，理性上來說，其實人們都知道應該要怎麼做，但受到情緒影響或心理狀態不穩定時，我們會因無法理性判斷，而造成反效果。

再舉一個例子：許多人都清楚，若在退休之前存不到兩千萬日圓，老後生活便有疑慮，所以應從現在開始努力存錢。雖然我們能理解也認同這個想法，但我們還是一不小心就亂花錢。

因此，我認為真正的重點，在於深刻**建立使用金錢的基本觀念**，以及讓自己有某個**想要認真達成的目標**，缺一不可。

因為有真心想完成的事，才能堅持不懈的節約；有深厚的金錢價值觀，才有機會讓存款穩定增值，進而建立起穩固的理財術。並且有機會把累積的資源，用來自我投資，以提升個人競爭力。這些一連串的事情，光靠一個口令一個動作，很難持續堅持下去。

這裡說的自我投資，說穿了就是指「投入的金錢與資源，將來都有可能回到自己身上」的用錢方式。

以日常生活中的購物經驗來說明，當我們用較便宜的價格，買下想要的衣服或包包時，這些都不算是投資自己；但如果是購入全自動洗衣機、掃地機器人或電動腳踏車等，雖然物品的單價比較高，卻能幫自己省下時間與勞力。讓我們進而可以利用省下來的時間來學習，或好好休息以恢復精神。類似這樣的花費，就屬於自我投資。

另外，為了維持身體健康而去健身房運動，或為了保持牙齒的健康狀態，而到牙科清潔牙齒等，也可以歸類在「為了將來健康」所作的自我投資。

當然，我們偶爾也會有一些自以為是的自我投資，最後卻變成浪費。不過，也不用過於擔心這點，只要我們時時檢視每一筆開銷，並思考：「這筆開銷，最後究竟為自己帶來什麼？」哪怕一時間花錢不是很嚴謹，只要能反覆檢視、仔細思考，假以時日通常還是能導回正軌。

而我們也就是在這一次一次的反省與回顧中，挖掘出自己真正想做的事、發現自己真正想完成的目標。

存錢的動力：做自己想做的事

有想做的事情，需要用到錢；但改善家計，得要存錢。聽起來似乎有點矛盾。說得更清楚一點，為了要放心且盡情的投入想做的事情，首先，身邊必須有一些積蓄，才有辦法支出籌備任何計畫、進修、學習技能等所付出的費用。因此我建議各位一邊建立儲蓄習慣，一邊尋找想做的事或想達成的目標，並讓該目標成為改善家計的動力。

換句話說，錢是能幫助你自我實現、創造美好人生的關鍵，這在我的親身經歷或顧客諮詢時所分享的案例中，都一再獲得驗證。

我剛從專門學校（按：相當於臺灣的專科學校）畢業時，先到一家西裝量販店上班，因為我在學時期的專長是會計，也取得了會計執照，所以原本應該是負責公司的會計工作才對。

沒想到因為公司當時的門市業務發展太好，所以我在新人時期，竟被分派支援新門市的銷售工作，再加上支援賣場時，幫忙做出了亮眼業績，最後我竟然以「門市銷售人員」的職務被任用了。

「搞什麼！明明當初說好讓我當會計，現在卻派我到門市工作。」我心中滿是抱怨，所以最後只待三年，加上試用期三個月，一共領了三年三個月的退職金便離職了。當時我二十五歲、有兩個小孩。

之後，因為我想從事司法書士（按：類似臺灣的代書），所以就在幾家司法書士事務所任職，幫忙處理「債務整合」的案件。但其實我當時只是負責協助相關文書工作的辦事員，所以處理完手邊的業務後，我會一邊準備司法書士的考試，一邊聽客人諮詢的案件。例如如何擺脫負債累累的生活等，然後我也會幫客人想辦法，並提供一點建議。

事務所老闆多次注意到這個場景，於是對我說：「你不覺得考一張『理財規畫師』的執照，來幫客人做財務諮商，比較適合你嗎？」於是，我就這樣踏上理財規畫師的職涯道路。

之後，一直到我三十七歲前，我都以北海道的札幌為據點，以家計再生顧問的身分工作著。

後來，因為我的著作《月薪兩萬二也要存到錢！九十天十倍儲金術超強實踐寶典》受到讀者廣大的迴響，來自東京的工作邀約也開始變多。所以我在三十七歲時，便確立以「協助負債家計再生」為業務主軸，而不僅僅單純當理財規畫師。

為了提供更專業的諮商，在這個階段，我把「如何與別人有效溝通」，設定成自我投資的目標，例如我會到處聽專家的演講，向許多老師請教、學習等，所以每次到東京幾乎都待了一個月，並利用時間與許多人會面、訪談。

就日本人而言，在這個年紀，通常要扛起一家老小的生活，必須拚命賺錢，但我在三十多歲的階段，仍義無反顧的做起學徒般的工作，到企管顧問專家的門下學習進修。

站在身為人父的立場，或許難免會遺憾自己錯過孩子重要的成長階段，像是「第一次翻身」、「第一次能站起來」等。但正是因為我在這個階段付出時間與金錢來自我投資，才有現在的我。

當你找到自己真心想做的事、想達成的目標，並為此自我投資時，你的每一步都需要錢。

以我自己為例子，當我打算以理財規畫師的身分來創業時，我因為身上沒有存款，而到處向別人借錢，讓家人們過了一段很艱困的日子。後來我好好的反省了這樣的狀況。在三十七歲時，我打算讓事業邁向下一個階段，這次我就善用之前的儲蓄來支持、投資自己踏入新領域。

身上有儲蓄的最大好處，就是能讓生活安心踏實。至少不用在每次遇到狀況時，都得擔心錢的問題。

例如聽到好友要結婚，雖然嘴上說著「恭喜」，但腦中卻在煩惱著，不知該從哪裡生出錢來包紅包祝賀；又或有想做的事、對某樣事物感興趣，卻因為手上沒有錢而只能含恨放棄，這樣的人生是很辛苦的。

只要有積蓄，就不用擔心自己總是陷入「先撐過這個月再說」，以及「下個月或下下個月，頭過身就過」等拮据窘境。就算在職場上遇到什麼不合理的狀況，只要靠積蓄，就能讓自己跳出不斷委曲求全的惡性循環中。

在四十歲來臨前，請為自己創造出有餘裕、且對未來充滿希望。畢竟比起捉襟見肘的月光人生，有餘裕的未來肯定會更加有趣。

有意識的花錢，就能存錢

在下一章，我會先說明有關掌握家計現況與學習控制支出的方法，這兩點是建立穩定儲蓄機制的基礎。我先提供一個案例，讓大家一起來思考看看：

某位三十八歲的男性，因為得知公司後輩的儲蓄比自己高出許多後，特別跑來找我諮商，想改善自己的家計現況。在獲得我建議後，他第一步先寫下固定的生活開支，掌握家計支出的初步輪廓；接著再要求自己於購物時，不用信用卡或數位支付，全部都用現金來結帳；想買東西時，先問自己：「真的需要這個嗎？」

半年之後，他每個月都能從月收入二十七萬日圓（約新臺幣七萬元）中，存下約三萬日圓（約新臺幣八千元），而獎金更是一毛都沒動，直接存起來。

其實他所做的，就只是列下支出並有意識的花錢而已。他對於這個結果也非常驚訝，沒想到有意識的花錢，就能開始存錢。

就算有類似的生活環境、差不多的收入水準，有些人在財務上總是會有餘裕，而另一些人則完全相反，深究其原因，其實就只是用錢的意識與方法不同罷了。只要能改變自己，意識到自己花錢的方式，就不會再為錢所苦。

再舉一個與我們切身相關的例子：一般人從四十歲以後，會開始支付介護保險費（按：日本為了因應高齡化社會，於二〇〇〇年開始實施的社會制度，凡年滿四十歲以上都需要加入介護保險。類似臺灣的長照保險），也因此有許多人會開始關心自己的老後生活。

但是等四十歲才驚覺自己應該要存錢，並開始學習掌握家計、控制支出，到最後真正能存到錢，其實需要花上好一段時間。既然擺脫家計上的赤字，是非常有成就感的，為什麼不提早開始改變，讓變化提前發生呢？

從三十歲後半段到四十歲世代，正是我們人生中會發生許多重要事件的階段，如有人結婚、有人生小孩；可能有人離婚或健康出現狀況等；有些人正在工作上全力衝刺，也有人想轉換工作跑道或獨立創業等。

廣義來說，這個生命階段正是人們建立社會地位最重要的時期。因為在這個生命階段，我們容易遭遇到人生重要的轉折，所以我很希望大家能擁有正確的用錢觀念。其實要學會這個觀念並不難，只要從一些小地方著手，就一定能存到錢，開始對生活有信心，可以不用再為錢所苦。

所以從現在開始，讓時間成為你的盟友，用三步驟做好準備，迎接四十歲的到來。到時候是哭是笑，就取決於現在，也就是接下來你所要作的決定了。

第二章

家計三分法，
爽花 5%照樣能存錢

自從成為理財規畫師，以家計再生顧問的身分執業，我至今已為超過兩萬三千人做過家計諮商。

老搞不清楚家計狀況，難怪你沒錢

我曾接觸各式各樣的家計狀況，當然也包括完全兩極化的案例：例如收入雖然微薄，卻總是能存到錢，像這樣的個案讓我十分敬佩；而也有一些個案，夫妻兩人的收入都相當優渥，但家裡的儲蓄金額少得可憐，讓人忍不住想多提醒兩句。

在親眼見識過這些赤裸、毫無遮掩的家計狀況後，我終於明白，能不能確實理財，跟年收入高低毫無關係。

例如，有個案例的家庭月收入高達近七十萬日圓，但他們每個月幾乎都花到一毛不剩，甚至定期的獎金收入，在付完貸款與稅金後就差不多見底了，以至於到現在，夫妻兩人的存款加起來也不過才幾十萬日圓而已。

這兩個人來找我諮商家計時，原本都認為對方可能多少有存一點錢，但是當他們發現「原來我們家零存款！」這個殘酷的事實，兩人當場就吵了起來。而像這樣的夫妻，在我的經驗中可不只有一、兩對而已。

與上面的案例相反，我曾碰到某個案是每個月只能實領薪資二十三萬日圓（約新臺幣六萬元）的獨居者，儘管他在收入上並不算有餘裕，但是卻能一點一滴的讓存款穩定增加，更因為「想提早替將來做準備，要開始規畫投資」，所以跑來找我諮商家計。

現在拿起本書的你，家計狀況又是如何呢？是為了「明明我的收入還不錯，卻存不到錢」而煩惱嗎？或者是你覺得自己因為收入太低，沒辦法存到錢，所以乾脆放棄儲蓄？接下來，我會在本章詳細說明，怎麼確實掌握家計狀況，進而消除對金錢的不安。

其實掌握家計的關鍵，就在於關注每個月的開銷，確實掌握支出。根據我的經驗，對收支現況的掌握度太低，可說是所有存不到錢者的共同點。

- 「你每個月的手機月租費，大概是多少？」

- 「家中的水費平均是多少錢？」
- 「為什麼月初的支出，往往都會特別高？」

沒辦法立刻回答以上這些問題的人，就屬於「對支出掌握度偏低」。這類人通常搞不清楚自己什麼時候、在哪裡、花了多少錢？頂多只有「這個月應該還過得去」這種模糊的概念。就因為不清楚實際狀況，所以往往只會往好處想，沒有危機意識。就像明知道自己有蛀牙，卻不願積極尋求牙醫協助、正視問題，狀況自然不會好轉。

請務必試著以客觀角度來看這些支出狀況的數據，好好學會控制支出。

你昨天總共花了多少錢？

在來諮商的人當中，有一大類人的煩惱，是「明明我的收入還不錯，卻總是存不到錢」。這類人的家計狀況，通常有一個共同的問題：支出過於隨便。他們沒有自覺自己花錢花過頭，總認為自己的收入比一般人高，所以只要想要，就會毫不考慮的付錢。例如：

- 如果能住在公司附近，通勤時間比較短、工作跟生活的效率也會比較高，所以就算租金很貴，還是選擇在市中心租屋。
- 在買東西時，只要聽到「這件商品超方便！」、「這個對身體健康很有幫助！」等推銷話術，二話不說就會掏錢。
- 認為投資自己很重要，所以對健身房、英語會話課、一對一高爾夫球課，或美容保養等之類的開銷，絲毫不手軟。

正因為認為自己能負擔這些費用，所以從來不會認真檢討「這筆開銷到底有沒有必要？」總是隨著當時的氣氛、當下的心情，豪邁的花錢購物。導致每個月幾乎都花光手上的錢，甚至偶爾還會動用信用卡或數位支付來消費，之後才用獎金或額外收入來彌補缺口。

若問這些人：「你昨天共花了多少錢？」他們的回答多半是以千元為單位，很粗略的說出一個數字。這時只要我們繼續一項一項的追問支出細節，最後累加起來的總額，與一開始對方回答的數字，往往有不小的差距。

這種狀況，幾乎可以說是這些人的常態。但他們並非不看標價就隨意入手，買東西時，他們也會逐筆確認商品金額，只是不太在意自己總共花了多少。

有些「因收入太低、沒辦法存錢，所以乾脆放棄儲蓄」的人，也有相同的毛病。照理說，這類人因為收入不高，能使用的錢相對少，但他們花錢卻一樣隨便。例如，在發薪日前，因為荷包裡的現金所剩不多，索性刷信用卡或使用數位支付，導致最後根本搞不清楚這個月花了多少、買了什麼。就這樣在模模糊糊的情況下，不斷等待下一個發薪日。

因為只要薪水能準時入帳，就不會有立即性的大問題。於是他們渾渾噩噩的過完每個月，又繼續迷迷糊糊的度過下個月，完全沒意識自己用錢的方式並不妥，就這樣一犯再犯。

第一個月，先記帳，但不用刻意省錢

不想擔憂自己的家計狀況，控制支出絕對是最重要的第一步。因為一般人的收入狀況，短時間內通常不會有劇烈的起伏，所以想要增加儲蓄，第一步就是要從減少支出來下手。

如果平常總是漫不經心的花錢，就無法釐清這些開銷究竟是不是浪費，也無法判斷開銷是否有減少的空間。

有許多人雖然收入不高，卻能穩定儲蓄，因為他們會努力的掌握開銷、有意識的花錢。

說得更清楚一點，他們會持續的關注這個月在哪個項目花多少錢；有哪些不必要的支出；是否有能省下開銷的地方？並在這些問題中，發掘能存錢的空間。至於那些收入不錯，卻總是存不了錢的人，則是因為他們的花錢較隨性，不重視觀察支出的重要性。

換句話說，想有效理財、不因錢焦慮，首先要讓自己有自覺：「如果繼續散漫、隨性的花錢，後果會十分堪慮」。

至於實際的做法，我推薦的第一步，是先記錄某一個特定類別開銷。所謂的類別，是指錢花在哪種事情上，例如伙食費、水電瓦斯費、房租（房貸）、治裝費、通訊費、雜支等。

因為一般的記帳本或軟體，通常會希望你記下並分類生活中所有花費，但如此一來，要記錄的資訊量過於龐大，甚至每天都得花不少時間回想及整理消費明細或發票等，許多人因此受挫而中途放棄。

雖然只記錄特定開銷，仍無法確實釐清其他花費的去向，但作為你想掌握家計的第一步，**先針對記錄特定開銷就好**。至於要挑選哪種類別，我建議從平常隱約覺得「好像花太多了」的開銷項目，或是每天習慣花費的雜支項目來下手。

畢竟，如果你一開始就選組成最複雜的伙食費來記錄，難度太高；但記錄房租（房貸）或水電瓦斯費等，每個月只記一、兩次，並無法提高用錢意識。

假設你覺得「上個月好像太常聚餐了」，就從交際費開始記錄；若認為「自己好像花很多錢在買衣服」，則記錄治裝費；習慣每天一定要喝一杯星巴克，就記下買咖啡的費用；至於「一個人住，所以常常外食」的人，可以單純記錄伙食費中的外食項目就好。

你可以跟前文提到的例子一樣，從日常消費習慣中，先鎖定一項特定類別，然後從這個月開始，確實的記錄每一筆花在該項目的支出。第一個月不用刻意節省或減少相關的花費，維持跟以前一樣的習慣就好。

記錄的方法很簡單，先準備一本筆記本，只要開銷跟前面所選擇的「特定類別」有關，就立刻在筆記本上寫下日期與金額，就算以十元為單位，忽略零頭、尾數都也沒關係。當然，用手機記錄也不錯的選擇。

要注意的是，千萬不要想著先收集發票或消費明細，等放假或有空再一次整理。雖然養成收好發票的習慣，對掌握家計開銷很有幫助，但在剛開始，千萬不要相信自己會收好發票，並在空閒時記下開銷項目。

多數人往往會出現這類的狀況：在週末或休假日，想要好好的整理特定開銷的發票與消費明細，卻忘了這些發票與明細放在哪裡，找著找著開始覺得累，最後乾脆放棄。我也有過這樣的經驗，所以完全能體會想放棄的感受。

■ 馬上付、馬上記

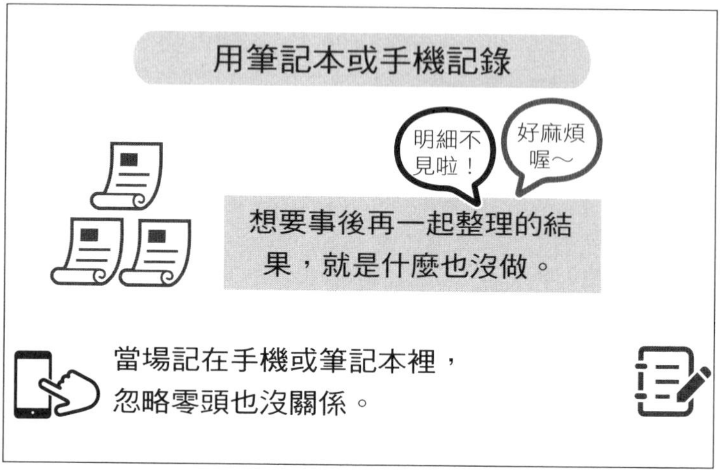
用筆記本或手機記錄
明細不見啦！
好麻煩喔～
想要事後再一起整理的結果，就是什麼也沒做。
當場記在手機或筆記本裡，忽略零頭也沒關係。

為了避免這些情況發生，記得在買好衣服、吃完午餐……要立刻記帳。養成**馬上付、馬上記**的習慣，並維持一個月（見上圖）。

從前一個月記帳紀錄，來看之後怎麼省

持續記錄特定開銷一個月之後，把這些花費加起來，你會很驚訝的發現，其總額比自己想像的還要高出許多，相信有些人甚至因自己竟然在這件事上花這麼多錢，而懊悔不已。

既然如此，從下個月開始，試著

節制相關的開銷。舉個例子，你可以這麼做：

- 在家先沖好咖啡，並帶去公司，藉此減少買咖啡的次數。
- 預先決定每天午餐的預算上限，有意識的控制相關支出。
- 限制自己每個月與同事聚餐的次數，例如「每個月不能超過四次」。
- 盡量在服飾店打折期間，一次買齊所需的衣物。

利用上面這些方法，有意識的降低特定支出，並且繼續記錄一個月，在每個月結束後，再比較前一個月的開銷總額。

第一個月是過去正常的消費習慣，第二個月是力行節約後的成果。你應該能從總金額的變化，看出自己是否確實遵守計畫，或有沒有過度消費等情況，回顧、比較、檢討，是掌控家計中非常重要的一環。

你可以藉由上述的方法與成果，從中感受「自己也能好好的掌控家計」，而這次的體驗及確實感受到進步的成就感，就會成為你持續努力的原動力。其實，在哈佛大學與許多心理學相關的研究中，都曾提過這種心理狀態。

想要一口氣改善家計、解決問題，不僅不切實際、也很容易讓人半途而廢。但如果先針對某個特定的類別來記錄與改善，反而會讓人萌生出「我也做得到」的自信，一點一滴的獲得成就感，能逐步提高自己整頓家計的信心。

養成有錢體質第一步

第一個月／每天記錄特定支出。

第二個月／持續記錄，同時執行特定開銷的節約計畫。

第三個月／持續執行前兩個月的方法，並比較這幾個月的支出記錄，體驗自己也有改善家計狀況的能力。

伙食費最容易被亂花，怎麼掌握？

前文介紹了記錄特定開銷以改善支出的方法。接下來，我們把這樣的經驗，運用在其他類型的支出項目中。

在第二步，我們要學會減少的開銷項目——每天都會發生、又特別容易產生浪費，也就是伙食費。

伙食費，包括自己下廚時，在超市、賣場或便利商店購買食材、飲料等費用；還有外出時，三餐加點心等。如果仍採取馬上付、馬上記，也不是不行，但一般來說，人們在伙食費上的開銷，不論是頻率或金額都比較瑣碎，所以，我建議先把發票或消費明細收好，等當天結束前，再一次整理、統計。

在剛開始記錄伙食費的第一個月，跟前文介紹的方法一樣，只要忠實的記下即可，不用刻意節省或減少相關支出。

畢竟這類消費在生活中占了很大的比例，光是完整記錄消費明細，就有些困難了，如果還要同時關注「這筆支出有沒有必要？」、「今天採購的數量會不會太多？」等，反而容易因挫折感而放棄。

所以先不用思考如何改善，只要維持過往的購物習慣，並確實記錄即可，現在的重點在於正確掌握伙食費的支出輪廓。

假設，該月的伙食費總支出是五萬五千日圓（約新臺幣一萬五千元），而根據日本總務省（按：相當於臺灣內政部）的調查，日本獨居上班族的每個月平均伙食費支出，為四萬六千日圓（約新臺幣一萬元）。

當然，每個人的狀況都有所不同，無法相提並論，但比較這兩個數字的差距，我們應該可以試著節省一些伙食費開銷。

接著，我們要檢視伙食費開支與時間軸的關係。打開筆記本，將每天的伙食費支出畫成柱狀圖（如左圖所示），如果你覺得以日為單位製作圖表很麻煩，也可以改用週為單位。

從柱狀圖的分布中，我們可以明顯發現，自家伙食費支出的狀況與習慣，跟許多家庭的伙食費柱狀圖一樣，在發薪日後，支出會明顯攀升。這是因為大多數人會選在發薪日後的週末，採買整個月的食材；接下來的伙食費則是每天的午餐錢、或

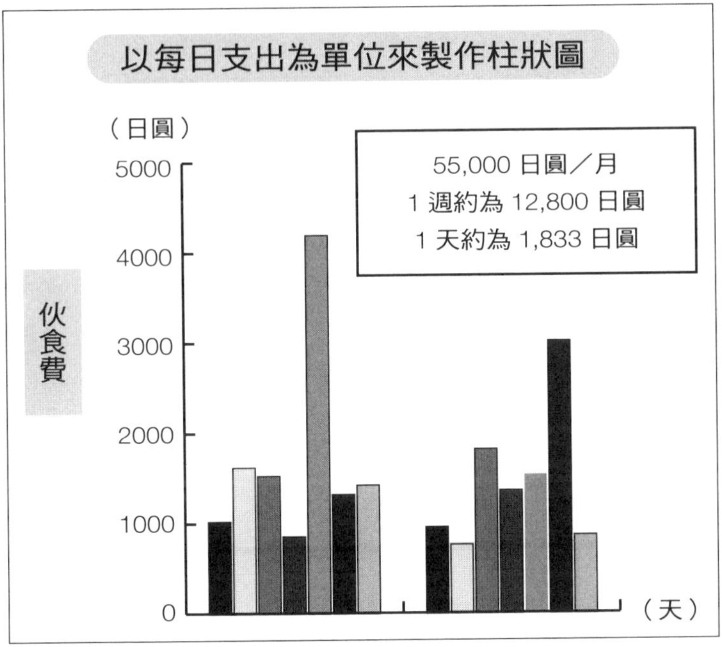

偶爾到超市添購食材；等接近月底時，因為手頭拮据，所以對伙食費更精打細算，此時伙食支出就會跟著下降。

如果能像這樣把伙食支出畫成柱狀圖，就能清楚掌握自己在飲食方面怎麼花錢。如果某個月的伙食費記錄比日常的平均值低很多，很有可能是當月的收支出現狀況，有意外的支出或家計出現窘迫等問題。

我會在後文透過家計三分法，來幫大家找出家計消費所呈現的問題。

就算不小心花太多，還是要繼續記帳

在記錄伙食費後，從第二個月開始要有意識的節制開銷。可以參考上個月的伙食費柱狀圖，先聚焦圖中伙食費支出最高的幾週，盡可能把那段時間的伙食費降低到平均值左右。

實際的做法是先從高單價的支出來下手，因為減少單價高的消費，節制效果最為明顯。與其為了幾十元或幾百元的零碎支出斤斤計較，不如少拿一件千元以上的高單價商品，當週就能輕鬆讓開銷降到平均值。例如，你可以在購物時，少拿一手啤酒、少挑幾包零食或高價水果，以五百日圓（約新臺幣一百三十五元）為單位來取捨，會比較有明顯效益。

當然，第二個月的伙食費也要做成柱狀圖，一樣持續記錄三個月。等三個月後，當你重新檢視這段時間的伙食費支出數據，相信你對於自己能大幅提高家計掌握度，一定會很有感。

根據多年的經驗，我敢說能控制伙食費，就能控制家計。因為連伙食費這麼繁複的項目都能掌握了，其他類型的開支，當然也能掌握好。

不過從感性層面來說，因為人在購物時，多少會受到當時的心情影響，例如對家事、生活覺得不耐煩時，就會想吃好一點來撫慰心情；發生值得慶祝的事情時，也會想要買幾樣甜點來犒賞自己。所以關鍵在於，別因為一、兩次的失控，就覺得「昨天好像不小心花太多了，這個月乾脆都不要記錄。」

請正視自己的狀況，既然事情已經發生了，就讓它成為過去，沒必要再繼續糾結。重點是隔天一樣要好好的記錄、力行節約，養成誠實記錄、認真面對的習慣。

在這裡，我也提供一個簡單的方法：先訂出每個月的伙食費預算，例如，設定當月的伙食費開支，最高為五萬日圓（約新臺幣一萬三千元），然後把這筆預算平均分給每一週，例如五萬日圓分成四週，每一週伙食費預算為一萬兩千五百日圓（約新臺幣三千元），也就是說，這幾週的伙食費最多只能用到這些錢。

改善家計就像減肥一樣，沒有速成的方法，如果用極端的方式，或許短時間內會看到一點功效，但沒有養成正確的習慣，一定很快就會恢復原本的樣子。

所以在伙食費的開支上，切記不要為自己訂立一個過於嚴苛的目標，例如：

「這個月的伙食費，只能花兩萬日圓！」重點在於為每週、每個月訂定可執行的目標，且確實的記錄，之後要定期回顧、比較、檢討。

養成有錢體質第一步

第四個月／每天記錄與伙食費相關的支出，並將紀錄畫成柱狀圖。

第五個月／持續記錄，有意識的節省伙食費支出。

第六個月／持續記錄，比較各個月分的支出記錄與柱狀圖，從中感受家計有逐步的改善，建立自己能掌握家計的信心。

省錢，從固定支出下手最有效益

經過前面幾個階段，我們學會了記錄特定類別的開銷，也檢討伙食費的支出概況，接下來，在第一步驟的後半段，我們要學習透過固定支出與流動支出，來掌握整體家計的動向。

固定支出，是指每個月都一定會支付的固定費用，例如：房租（房貸）、保險費、通訊月租費、教育費、零用錢、寵物的相關開銷、養車費用，或每個月定期扣款的 App 與影音串流平臺，還有每個月會定期補貨的拋棄式隱形眼鏡等。

流動支出，則是指每個月不固定金額的開銷，像是伙食費、水電瓦斯費、治裝費、交際費、娛樂費、或是花在個人嗜好上的費用等，這些項目會視每個月的心情與狀況，金額有高有低。

一般來說，人們若臨時起意，打算節省家計開銷時，多半會從流動支出下手。但是很遺憾的，人的意志力比想像中還要薄弱，很難維持毅力與長時間的忍耐，極有可能一不小心就中途放棄。相信你在執行記錄與節約計畫時，對此有深刻的感受。想透過減少流動支出來改善家計，不僅很難持續維持，也很難產生效果。

但是相反的，如果一開始就選擇**從節省固定支出**，雖然也需要一點耐煩的決心，但只要花一次工夫，**就能獲得長期的效益**。

例如，覺得每個月的保險費似乎有點高，就重新檢討保單的配置，在可接受的風險範圍內降低保費；或認為通訊月租費偏高，則可以打聽便宜的資費方案，也可以攜碼換電信或換約；假設你的固定支出中，每個月都會付影音串流平臺月租費，然而你最近忙到沒時間看電影，不如先停扣一陣子也無妨。

利用這種方式來一一檢討每個月的固定支出，若這些費用有可以改善的空間，就不妨立即行動吧！

總之，重新檢視契約內容或固定扣繳的項目，雖然會讓人覺得很麻煩，甚至拖了好幾個月也沒展開任何動作。但這件事情的好處在於，只要願意付諸行動，下個月馬上能看到效果，而且也能繼續維持節約的成效。

消、浪、投——家計三分法

當大家都能利用紀錄來掌握家計的輪廓，並學會節省特定類別支出的方法時，通常我會推薦前來諮商的人們，一套完整改善家計的有效系統——家計三分法。不需要特別區分出固定或流動支出，只要把所有的開銷類型分為消費（消）、浪費

（浪）、投資（投）三大類，藉由回顧自己如何使用金錢的過程，就能學會改善家計的方法。詳細說明如下：

● 消費：為了生存與生活所不可缺少的支出。例如，伙食費、房租（房貸）、水電瓦斯費、交通費、車輛保養及維護費、以及行動電話的通信月租費、保險費等，都算在此類當中。

● 浪費：也就是被亂花或浪費掉的支出。如賭博、沉迷個人嗜好、貸款或債務的利息、非必要的手續費或會費支出等。

● 投資：將錢用在對自己未來有利的事情上。像是為了拓展工作領域而報名參加函授課程、購買書籍或參考書的費用，講座報名費等也算。只要是你認為對自己將來有所幫助的支出，都能歸在此類；當然也包含存款儲蓄與投資金融商品等。

家計三分法是延伸應用記錄家計，一方面能減少大家記帳的困擾，讓剛開始接觸記帳的人，不用費工的把家計金額分門別類記下來。另一方面，也可以讓大家用錢時，能更符合自己所設定的目標。這樣說起來好像有點抽象，以至於許多前來進行家計諮商的人，也無法馬上理解。但實際執行這套方法之後，只須三個月，讓這個方法變成習慣，你就能明白它的妙用。

跟先前的做法一樣，每天消費時，要記得索取發票或消費明細，並妥善保管，千萬別弄丟。首先，準備三個盒子（也可用信封袋或資料夾），並分類成消費、浪費跟投資，然後在一天結束前，依照消費的類別，把明細分別放入對應的盒子裡。

舉例來說：

- 便利商店的發票：今天在下班時，走進便利商店逛一下，買了就算不吃也沒無所謂的甜點，這應該要歸類在浪費。
- 咖啡廳的發票：發現一張昨天去咖啡廳的消費收據，但這是為了跟同事討論工作，算是必要的開銷，所以應該要歸類在消費。

- 因為被前輩碎念，所以不情願的花錢報名了講座。但參加後發現能學到不少東西，所以把這筆開銷歸類在投資。

家計三分法的重點在於回顧，讓自己有時間，能好好的思考使用金錢的態度與方式，所以判斷時，也不用太嚴謹的定義某開銷究竟是浪費、消費還是投資，只要大致判斷就好。

尤其在花錢的當下，我們通常會認為某筆花費是投資或消費，等到當天結束、整理消費明細時，我們才會認真的想「這筆開銷確實有必要」或「真不應該花這筆錢」。逼自己去認真的回顧與思考，正是家計三分法重要功能之一。

當你在分類發票與消費明細時，開始意識「我下次買東西一定要更謹慎」、「以後不要再買這些會讓人後悔的東西了」，就證明你漸漸提升理財能力了。

總結來說，人們會對於金錢感到不安，多半都是因為沒有意識到自己的消費觀念有缺失，而繼續維持這些花錢壞習慣。但家計三分法能讓你透過歸納整理自己的消費行為，進而發現錯誤的消費習慣，並把它當成修正消費的契機。

每週都檢視一次三個盒子裡的發票與消費明細，並統整出各類別的累計金額：

- 消費：〇〇元。
- 浪費：〇〇元。
- 投資：〇〇元。

等到了月底，先計算出整個月的支出總額，以回推三種類別的占比各是多少。計算公式非常簡單：

各類別的累計金額÷本月支出總額。

套用以上的公式，可以計算出本月的支出類型占比，例如「消費六〇%、浪費三〇%、投資一〇%」（見左頁圖）。在持續記錄兩、三個月後，就能看出支出類型占比的變化，例如「跟上個月相比，這個月增加不少浪費類型的開銷比例」、

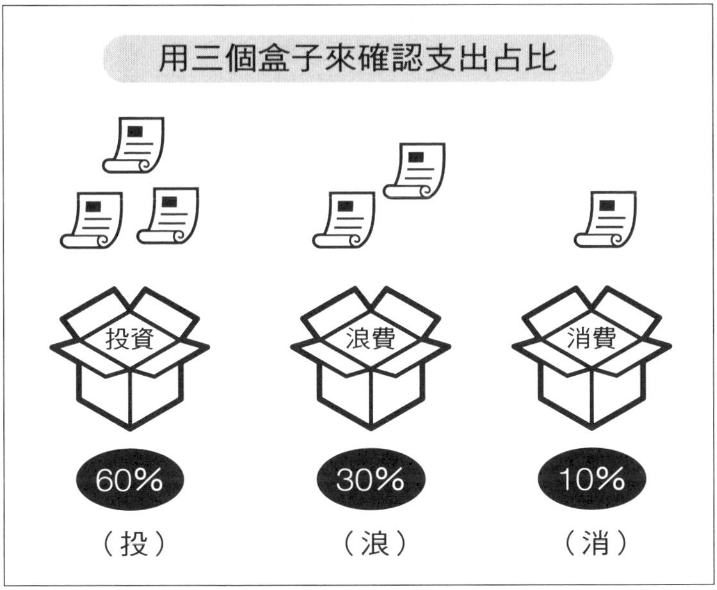

「這個月因為有強迫自己盡量節省，所以浪費比例降低、消費占比增加」或者是「連續三個月，投資比例都偏低」等。

該方法的主要目的，並不是要大家計較瑣碎的收支項目，而是要讓你意識到自己的用錢方式與金錢流向。

先回顧一下，一開始我們以百元為單位來記錄日常開銷，進而掌握在哪裡消費、花了多少，接著我們意識某些消費模式可能有問題，也清楚了對自己而言，沒有用的支出就是浪費。當我們有了這些經驗，對支出的態度也有所改變，接下來，就要進入理財階段。

最能存錢的黃金比例

截至目前為止，我協助並觀察許多來諮商家計的個案，我發現能**聰明管理家計支出**、順利存錢，甚至讓儲蓄穩定被動增值的人，他們的共通點，是在分配家計三分法的比例上，幾乎都是**消費七〇%、浪費五%、投資二五%**。

所以你不妨換算使用家計三分法時的三個月紀錄，與上面的數據比較。一開始可能會有不小的差距，但不用因此就感到沮喪，只要先學會掌握支出，在三步驟的第一步驟最後三個月，期許自己能放寬心的朝向黃金比例——消費七〇%、浪費五%、投資二五%，就是一大進步。

另外，有些人想藉由把浪費比例降到零，來存更多錢，事實上這種嚴苛的做法很不切實際。允許自己能稍微亂花錢，是維持整個家計能持續改善的小祕訣，畢竟這五%的餘裕，可以讓生活過得稍微輕鬆一些，也能讓家計在沒有壓力的情況下，持續且順利的改善。

養成有錢體質第一步

第七個月／將所有支出分成消費、浪費、投資三大類。每天把發票跟明細分類在相對應的盒子裡，並每週統計。等月底時，再分別算出這三個分類的金額各累計多少。接著算出三個分類的占比為何，並適時回顧自己的花錢方式。

第八個月／繼續進行家計三分法。持續觀察本月與上個月的記錄有什麼變化，並適時回顧自己的花錢方式。

第九個月／繼續進行家計三分法。比較累積了三個月的占比記錄，回顧並檢討這三個月當中，自己的用錢方式是不是有什麼變化。

減少消費與浪費，增加投資的比例

為了學會理財，我們從掌握支出、控制消費開始，現在終於到了三步驟中第一步的最後階段。

在前一篇，我們先熟悉如何運用家計三分法，也相對提高家計支出的掌握度；之後我們更進一步的了解，理想的消費、浪費、投資占比，依序為七〇％、五％、二五％，也知道學習控制支出的重要性。至此，算是打好理財術的基礎。

接下來我們要做的是，再次確認支出是否有正確分類。

例如：某筆伙食費被歸類在消費，其中，有一些食材卻放到過期、腐壞都沒有使用，那麼，該筆開銷應該要改成浪費分類；或有菸癮的人，總把香菸的費用歸類在消費支出，但這筆支出真的是必要消費嗎？只要深入思考並檢討，就會發現實際上能算入消費分類的開銷，並沒有原以為的那麼多，相對的，有很多項目其實應該列入浪費分類。

因為在三個分類的黃金比例中，浪費的理想占比只有五％，一旦把香菸費用列入浪費類別，很可能超過理想占比。其實這也提醒我們，可以減少菸量，或乾脆戒菸。這樣一來，原本用來買菸的錢，就會變成多出來的可用額度，例如每週減少兩包菸，就省下一千日圓（約新臺幣兩百七十元），一個月就能多出四千日圓（約新臺幣一千零八十元）。如果可以把多出來的四千日圓存起來，或買對工作有幫助的書籍，這樣就能減少浪費、增加投資了。

順帶一提，有一個詞叫做「拿鐵因子」（按：Latte Factor，是由美國暢銷作家兼理財顧問大衛．巴哈〔David Bach〕所提出，指人們在日常生活中，像買杯咖啡般不經意的習慣性支出），意指我們無意中累積的非必要支出，也就是浪費。

午休時，有些上班族習慣去便利商店買杯咖啡，或是到星巴克喝杯拿鐵等，這些雖然都只是小錢，但在不知不覺中，累積起來就會變成一筆很可觀的金額。舉例來說，假設美式咖啡一杯一百日圓（約新臺幣二十七元），每天買一杯，一年等於花了三萬六千五百日圓（約新臺幣一萬元）；如果換成更貴一點的拿鐵，一杯三百四十日圓，一年加總起來會超過十二萬日圓（約新臺幣三萬元）。

總之，務必檢討每一筆消費是否分類洽當。被分類在消費的支出，它真的不是浪費嗎？如果還不是很確定，可以考慮先從減少購買次數開始。如果能持續減少消費與浪費的支出，並增加投資的比例，你將來的生活肯定會很不一樣。

有些你以為是投資的開銷，是浪費

再次確認支出的分類方式，基本步驟如下：

1. 找出被分類在消費或投資的浪費支出。
2. 重新檢視在步驟1找出的浪費支出，想看看怎麼減少或降低其支出。
3. 試著挑戰降低浪費支出。
4. 把省下來的錢，挪到投資分類。

剛剛說明如何找出被分類在消費的浪費支出，接下來要討論的是，如何找出被歸類在投資的浪費支出。

請各位先思考，對自己來說，什麼才算是真正的自我投資？

「想要很久的名牌包現在下殺七折，這怎麼能不買！」、「為了健康著想，於是加入健身房會員，卻沒去幾次……」像這一類的支出，或許最初的用意是投資自己，但是最後看起來似乎仍有商榷空間。

另外，有些人可能會覺得，為了縮短做家務的時間，而購買的掃地機器人與洗碗機，是浪費且沒必要的奢侈品。但如果買了這些東西，因此獲得了更多可以自由運用的時間，那麼這筆消費，也可以當作投資。

又或某個同事說：「擁有潔白的牙齒，是我對自己的投資。」因此，他定期都會花錢美白牙齒，用你的價值觀來判斷，這算是投資嗎？

其實，用我的定義來看，只要這筆開銷未來會回報在自己身上，就算投資。但是想要獲得什麼樣的回報，這些需求因人而異，所以請務必客觀、理性的自我檢視，找到一個能說服自己的理由。

就像我一開始在序言提到，人受到情感的影響，有時無法做出理性的判斷。就連我也有過很多以為自我投資，結果卻是浪費的經驗。我們可能會不斷犯同樣的錯誤，但真正重要的是，當我們發現這筆支出其實是浪費時，一定要回想「為什麼當初認為這筆支出是投資」，然後記取教訓。

畢竟，願意回頭檢視錯誤，比毫無知覺的重複浪費，更值得嘉許。

前面所說的不論是香菸、咖啡、牙齒美白等，都只是舉例，請用同樣的邏輯，重新檢視這三個月的記錄中，你在各類支出的細節，並一邊調整支出占比，讓家計狀況慢慢接近黃金比例。

希望你成為懂得善用金錢的人

各位讀者應用書中提供的改善家計方法時，千萬要記住，別以「嚴苛的節約生活」為目標，更不要偏激的杜絕一切浪費，畢竟對於人的生活與成長過程來說，玩樂也是不可或缺的一部分。

因為擔心浪費，所以放棄自我投資，不出去玩，也不允許自己去高級餐廳享用美食……。

我們用一整年的時間，想要掌控家計的現況，但這並不是要你完全不花錢。就算你能做到一毛不拔、甚至切斷所有花錢的管道，這或許可以讓你在短時間內看到存款數字大幅上升。但是等你走過這個階段之後驀然回首，很可能到了四十多歲，才驚覺當初那些以為是浪費的支出，其實都是對自己必要的投資，但這時才後悔就已經來不及了。

我比較推薦的方式，是希望你能學會掌握家計現況、擁有控制支出的能力，並以此為基礎，成為一個懂得妥善使用金錢的人，因為這是比什麼都更重要的事。

當你可以把掌握支出及家計三分法的概念，內化成自己的消費習慣，只要透過理性的判斷，當你覺得這是確實必要的支出，就鼓起勇氣大膽投入吧！

因為你的所有收入，都是經過辛苦努力才獲得的血汗錢。如果只是把這些珍貴的資源，用來勉強維持生活、支付稅金，難道不感到很空虛嗎？反正活著就是要花錢，從正面積極的角度來看，有智慧的花錢、讓錢花在讓生活更美好的方向上，更有價值。

養成有錢體質第一步

第十個月／從消費、浪費、投資之中，找出隱藏起來的浪費支出。

第十一個月／試著把隱藏起來的浪費支出，挪到投資類別。

第十二個月／試著讓消費、浪費、投資的占比，趨近黃金比例，並摸索出屬於自己的妥善用錢法。

第三章

有錢人必備的三本存褶

小時候在過年拿到壓歲錢時，你如何使用這筆額外收入？

有些人會原封不動的全部存起來；有些人則趁這個機會，一次買下之前想買的東西，以至於寒假還沒結束，壓歲錢就已經見底了；還有一些人，會把壓歲錢存起來當作預備金，等平常的零用錢不夠花時，再拿壓歲錢出來應急，這樣就可以慢慢的用上一年半載。

在家計諮商的過程中，我看到大部分有固定儲蓄的人，小時候多半會將壓歲錢存起來，緩慢而謹慎使用。

結帳前，先問自己這個問題

在前一章我們曾經介紹過，如何利用家計三分法來掌握家計支出，簡單來說，就是把日常的支出項目，分成消費、浪費、投資等三大類，並且想辦法讓這三大類的占比接近黃金比例：消費七〇%、浪費五%、投資二五%。

一般來說，只要能確實執行這套方法，家中儲蓄水位一定會慢慢且穩定的增加；但如同序章所述，理性上，我們都知道要克制欲望、簡約用錢，但我們卻老是一不小心就亂花錢。

有許多個案找我諮商時，往往會說：「我知道存錢很重要，但每個月到了月底就沒錢了，根本沒辦法儲蓄。」或說：「自從學會家計三分法後，我都很小心的減少浪費支出，但還是沒辦法存到預期的金額。」

這類煩惱可以說是月光族常出現的經典問題。深究原因，是因為他們多半會無意識消費，於是不知不覺把錢花掉。當月收入扣掉總支出後，想拿餘額來儲蓄，當然也變得不太可能。

他們總是有很多理由，包括：特價、限量款、限時優惠……結果買了一堆不在計畫內的東西。再加上為了平復罪惡感，他們在入手時總是安慰自己：「以後一定用得到。」進而把這些非必要的支出，理所當然歸納在日常消費中，於是壓垮了看似占比正常的家計。而那些原本能拿來儲蓄的結餘，就是一連串「超便宜」、「因為有促銷，所以很划算」的非必要支出。

讀到這裡，如果你心裡也浮現「我好像也有類似毛病」，日後在消費時請務必提高警覺。想要成功存到錢，除了用三分法來掌握家計之外，在消費當下有意識的花錢，更是改變消費行為的重要關鍵。

不過，這裡說的改變消費行為，並非要你改掉過往生活模式與消費習慣，而是在買東西時，幫自己加一個動作，以幫助我們在買到失心瘋之前，稍微剎車。

這個動作就是，在心裡問自己：「這筆支出是需要還是想要？」

- 需要＝needs。
- 想要＝wants。

打消強烈購物慾，用一句話化解

只要在消費前先問問自己這個問題，逼自己多想一分鐘，進而減少衝動購物。

我大概從三十歲開始，才養成習慣，在**結帳前多問自己**一句：**「我真的需要這個東西嗎？」**因為這個習慣，許多次讓我清醒過來：「差一點又把想要、但沒必要的東西，當成是需要買回家了。」因有警覺，而避免了浪費。

雖然衝動購物的次數比起二十歲時少了很多，但我偶爾還是會因為一時的失心瘋，而暗自懊悔。我的物慾很重，很多東西都想擁有，如果有人對我說：「這筆錢隨你怎麼花。」我肯定不花光不罷休。

但如果要深入思考，這些東西到底是想要還是需要，這時就會察覺，並不是每一件想要的東西，都是自己需要的。

可是，人天生有一種劣根性，就是在自問自答中，替想要的東西，硬掰出一個需要的理由。明明只是想買，但被問：「為什麼要花這筆錢？」時，人總是能找到一千個理由「因為……所以……。」來回答對方，更催眠了自己。相信大多數人都有過這類經驗。

但如果不面對現實，絕對無法存到錢。

只要檢視月光族的家計狀況，往往會發現他們的開銷，有很大一部分都花在想要的東西上。所以當自己萌生出「好想買」、「好想要」等無止無盡的欲望時，務必多問自己一句「我真的需要嗎？」

養成有錢體質第二步

在第三章，我們同樣要用一年來慢慢培養出有錢體質。為達成這個目標，在這個步驟的前兩個月，請在消費前問問自己，究竟是需要？還是想要？

工作多年還是零存款，怎麼辦？

對於「每個人都應該要有些積蓄」，你有什麼看法？

現代人的平均壽命增加，甚至百歲時代也不再是夢想。根據統計資料顯示，在八十五歲以上的高齡人口中，約有六〇％需要接受照顧；而在六十歲至七十歲世代的人口中，或多或少都有健康問題，需要在日常生活中持續接受醫療服務。不論是接受照顧或醫療服務，都需要一定程度的經濟或儲蓄基礎。

雖然日本開始推廣銀髮族再度就業或延遲退休等計畫，也向高齡者提供兼職或非正式就業等工作機會。但這些工作帶來的實際收入，無法跟退休前的收入相比。就算有些人可以靠年金來補貼生活開銷，但年金能提供的幫助畢竟有限，所以仍有必要先為自己準備一筆老年安養費用。

回顧父母那一代，日本因為終身僱用制，以及「企業提撥退休金」與「個人年金」雙軌制，要推算自己退休後的收入狀況，其實一點都不難。但隨著社會與商業形態的轉變，提撥退休金已不再是日本企業的經營共識，在這種趨勢下，萬一迎接我們退休的是六十五歲零存款，那老後生活該怎麼辦？

別妄想哪天會突然一夜致富，這種情況只會出現在戲劇或小說裡。在殘酷的現實生活中，想靠中樂透來獲得養老所需，比被雷劈中的機率還要低。

換句話說，儲蓄是我們為了未來生活所需，而為此進行的超前佈署，就是家計三分法中的投資。當你能確實理解社會現況，並養成儲蓄習慣，就有後盾能支撐未來漫長且豐富精彩的人生。

準備三個帳戶：日用、儲蓄、理財

感受到儲蓄的重要性後，我們接下來面臨的問題是：「每個月應存多少錢？」我建議以每個月實際收入的六分之一為基準。

假設某人月收入實領二十五萬日圓（約新臺幣七萬元），那麼，每個月存款金額則為四萬日圓（約新臺幣一萬元）。

這只是參考值而已，畢竟每個人的生活型態與人生階段都不一樣，例如三十歲、與父母同住的單身族群，可以將存款目標調整到月收入的五分之一；已婚、有房貸、孩子等，開銷較大的人，則可以將存款目標調整到月收入的十分之一。重點是視自己的實際狀況來分配，並且確實存下自己設定的金額。

一般來說，我建議大家把錢分成日用與儲蓄兩大類，實際區分方式，則可以用不同的儲金帳戶來管理。

我通常會詢問來諮商家計的個案，有關他們使用儲金帳戶的狀況：單身者通常有一個在學生時代開戶並使用至今的帳戶，再來則是公司要求開立的薪轉戶，偶爾有一部分人曾因想存錢，而另外開立了新的儲金帳戶，最後卻因為沒有使用而不了了之。

以已婚者來說，單薪家庭通常有一個供另一方日常家用所需的儲金帳戶，如果是雙薪家庭，可能會以共同帳戶來管理日常生活開銷，另外還可能會有一個用來存放教育基金的儲金帳戶。

但不管當初開戶的目的是什麼，這些人都有一個共同點：搞不清楚自己這些儲金帳戶的實際狀況為何。與此相反，有另外一種極端的狀況，則是只有薪轉戶。但不論是上述的哪一種人，都很難養成儲蓄體質。

在第二步的第三個月，為了帶領大家一步步**打造出儲蓄體質**，我要請大家先準**備好三個儲金帳戶**，以依據使用目的，來分配與管理收入：

- 日用帳戶：該帳戶負責每個月的日常開銷，包括紅、白包等突然需要支出的費用。換句話說，這是生活費專用的帳戶。
- 儲蓄帳戶：主要用來存錢。就像本章開頭所說，我們每個月的實際收入，要有一定比例（如以六分之一為基準）拿來儲蓄。所以每個月都要將自己所設定的金額存入該帳戶。這個帳戶裡面的錢，主要是作為緊急預備金使用，而一些為了特定目標所進行的儲蓄，例如購車基金、孩子的教育費等，也都先放在這個帳戶中。

- 理財帳戶：這裡的資金主要用來投資，屬於「不會影響生活」的剩餘資金帳戶。我建議讀者可以開設一個證券帳戶，讓錢在這個帳戶中穩定增值，也可以為老後資金做預備。至於怎麼投資理財，才能讓錢穩定、被動增值，我會在第四章詳細說明。

看到這裡，或許有人會表示自己已有三個帳戶。但幾乎大部分的人，都是把日用帳戶跟儲蓄帳戶混在一起，以至於誤認為帳戶裡的餘額，就是自己的儲蓄總額。但如果突然出現緊急支出時，很容易花掉原本預計用來儲蓄的錢；再不然就是看到帳戶上的數字，以為自己很有餘裕，所以大手大腳的亂花錢，卻忘記這個數字包括儲蓄總額。

換句話說，只有確實區分帳戶，才有可能培養出存錢體質。

最簡單且妥善的方法，就是把現在的薪轉戶，當作日用帳戶來使用。接著，找一間手續費較為低廉的網路銀行，開設帳戶以用來儲蓄。而理財用的帳戶，則可以直接用證券戶來代替。

當然也可以把兩種帳戶整合在同一家銀行，例如在薪轉戶底下，另外分出以日用及儲蓄為目的的子帳戶，這樣一來，也能簡單管理。

雖然以日本來說，大部分的實體銀行都有規定：「個人僅能開立單一帳戶」，但是部分的網路銀行，如住信ＳＢＩ網路銀行、索尼銀行等，則可以在同一家銀行內，開設以「不同目的作為區別」的複數帳戶。例如住信ＳＢＩ網路銀行，除了主帳戶外，最多還能開立五個子帳戶。

不論如何，第一步至少要有日用帳戶及儲蓄帳戶。

（按：目前臺灣部分銀行也提供了實體及數位帳戶並存的複數帳戶服務，而部分銀行也有主帳戶可設置複數子帳戶的服務，讀者可自行依需求來選擇。）

養成有錢體質第二步

第三個月，請準備好兩個帳戶：日常用與儲蓄用。

日用帳戶裡要放一・五個月生活費

當準備好日用及儲蓄兩個儲金帳戶後，就可以開始準備把錢存進去。首先要說的是，雖然到三十歲後半段還維持零存款的人可能不多，但為了方便讀者們理解如何規畫、分配與使用三個帳戶，我先預設儲蓄金額為零。

首先，我們要先在日用帳戶裡準備一定數額的資金，儲金目標可設定為一・五個月生活費預算（也就是一・五個月的家計支出總額），而計算週期的起始日則是薪水的入帳日。

多準備半個月的生活費，是為了應付突發事件，如參加婚宴的禮金或是身體突然出現狀況的醫療費用等，而且多準備半個月生活費，也可以讓人產生安心感，讓每天的生活更有餘裕。

舉例來說，假設某人月薪實領二十五萬日圓，家中每個月生活費預算為二十四萬日圓。照理說，每個月月底應會剩下一萬日圓，但是這筆錢很有可能因為一些臨時支出而被花掉，結果，最後存款餘額又歸零，沒有任何一毛錢可以被存起來。

可是，當我們設定日用帳戶裡的存款水位目標，為一．五個月生活費預算時，從前面的例子來看，就是要先準備三十六萬日圓（一個月二十四萬日圓×一．五個月，約新臺幣十萬元）。

我在前文曾建議，每個月的儲蓄金額，要以每月實領薪資的六分之一為基準，所以月薪實領二十五萬日圓，應要想辦法存約四萬日圓。這樣一來，只要能確實存滿三個月，就能多出十二萬日圓（相當於半個月的生活費，約新臺幣三萬兩千元），到時這筆資金與每個月的薪資收入總計，就可以讓日用帳戶維持在三十六萬日圓的水位。換句話說，在最理想的狀況底下，我們只要連續三個月好好存錢，就能達成日用帳戶的儲蓄目標。

但是對於每個月都零存款的月光族來說，我建議準備日用帳戶存款（一．五個月生活費預算）時，可以準備一個信封或沒使用的舊錢包，等每個月薪水一入帳，就把預設為六分之一的儲蓄預備金領出來，放進袋子裡。

畢竟對於平常沒有儲蓄習慣的人來說，要靠意志力來提醒自己，絕對不能動用日用帳戶裡，準備作為儲蓄用的四萬日圓，是非常困難的考驗。所以我建議用物理方式，先把預計要達成的存款目標，放在其他地方分開保管。等幾個月之後，袋子裡的金額達到設定目標時，再把這些錢存進日用帳戶中。

這樣一來，從下個月起，一樣可以達成日用帳戶裡有一．五個月生活費的儲蓄目標。

不用執著日用帳戶的金額變化

日用帳戶，顧名思義就是日常生活開銷之用。而一般市面上的家計或理財規畫書籍，為了方便說明，往往會將每個月的支出預算，設定一個固定金額。

但在現實生活中，多數家庭收支運作並沒有這麼固定，例如春節過年時、六月的結婚潮、暑假旅遊旺季等，通常都是我們荷包大出血的高峰期。

就算是固定找我諮商家計的家庭，也常常會發生「平時控制得很好，但每逢年底、年初，支出就爆表」的慘況，日用帳戶的存款水位一瞬間降低。有些人會為此感到沮喪，一邊碎念：「最近開銷也太大了吧！」一邊心疼的準備紅包給晚輩。

其實這些偶發性的支出起伏，並不需要太過在意。為了因應每個月的浮動支出，偶爾也要說服自己接受，日用帳戶的水位餘額可能會低於一．五個月生活費。

之所以設定多準備半個月的生活費預算，就是為了幫助我們承受這些偶發性支出的波動，讓我們在財務的應用上更有彈性。畢竟這些偶發性的開銷，都是不能不花的項目，所以預先準備一些錢以應付臨時支出，是非常必要的。

無論如何，就算偶爾出現一些預料之外的支出項目，讓辛苦維持家計的你倍感挫折，也但絕對不要因此自暴自棄，哀號：「算了，我不想努力了。」而是正面積極的面對，預期年底跟年初的開銷會比較大，在其他月分就先節省一點，把缺口慢慢慢補回來就好。

養成有錢體質第二步

在第二步的第四、五、六個月，達成日用帳戶內存有一．五個月生活費的目標。即是在過程中有幾個月無法穩定達成，也千萬不要放棄養成儲蓄的習慣。

儲蓄帳戶放六個月生活費

日用帳戶裡的資金，是為了支應日常生活所需的開銷費用，所以從發薪日開始，帳戶內的資金水位就會隨著生活開銷而逐步下降。如果能確實執行家計三分法，並合理控制支出，當下個月的薪水入帳時，日用帳戶的資金水位應該能恢復到一．五個月的生活費預算以上。

當日用帳戶可以進入這樣的穩定循環時，那我們接下來要處理的就是第二個帳戶——儲蓄帳戶。

我認為，儲蓄帳戶的目標儲蓄水位要設定為六個月生活費。

如同前文案例，假設每個月月薪實領二十五萬日圓、生活費預算為二十四萬日圓，儲蓄帳戶的目標儲蓄金額就是一百四十四萬日圓（約新臺幣三十九萬元），而這筆資金則是作為緊急預備金使用。例如：

- 經濟不景氣，被公司裁員。
- 忽然生病或受傷導致收入中斷。
- 需要回老家照顧家人，所衍生出的搬家費用等。
- 想轉換跑道，所以花了兩個月找工作、做準備。
- 決定向交往的對象求婚。

在漫長的人生路上，不論好壞，出乎預料的事情總是來得又快又急。當我們碰上這些不在計畫內的意外狀況時，有足夠的資金準備，才能讓我們從容面對。

儲蓄帳戶的主要功能，就是為了讓我們在遭遇不可測的緊急事件時，還能不慌張、不焦慮，展現出成年人的餘裕。一般來說，只要手邊擁有大約六個月生活費預算的資金，就能支應收入空窗期的生活所需，要利用這段期間轉換工作或是用來培養、提升專業與職能，都不會有太大的問題。當然，如果你覺得要準備六個月以上的生活費預算才能安心，也沒問題，自行提高儲蓄帳戶的存款目標即可。

至於月光族，第一步只要先養成儲蓄體質就好，一下子設定太高的目標，反而會造成太大壓力，所以建議先以六個月的生活費預算當目標。

達成這個目標大概需要多久時間？

以我們剛剛設定的案例來看，把實領月薪的六分之一作為儲蓄基準，大概需要三年才可以達到六個月生活費的儲蓄水位。也就是說，以每個月實領薪資二十五萬日圓、儲蓄四萬日圓的個案為例，大概在第三年就能達成儲蓄目標，存到一百四十四萬日圓。

我在輔導個案整頓家計時，常被問：「大概要準備多少儲蓄金額才夠？」我往往回答：「當我們備妥日用帳戶與儲蓄帳戶的目標金額時，大概就足敷使用。」也就是說，先以最低目標七．五個月的生活費開支（日用帳戶一．五個月加上儲蓄帳戶六個月）來努力，作為理財術的基礎。

薪水一入帳，先把六分之一移到儲蓄帳戶

要穩定增加儲蓄帳戶的水位其實不難，當日用帳戶存到一．五個月的生活費後，接下來只要在每個月的發薪日，立刻把薪水的六分之一轉入儲蓄帳戶，並維持這個習慣就好。

重點是，一領薪水，就先存起來，然後用剩下的錢生活，而不是過完這個月，看剩下多少才拿去存。如果每個月都先花錢後存錢，肯定無法達成我們設定的存款目標，畢竟人們習慣有多少就花多少。

如果對自己的自制力沒信心，不確定自己是否能遵守紀律，老實的在每個月的發薪日，立刻把該存的錢轉入儲蓄帳戶，你可以利用銀行的「定期定額、預約轉帳」功能來幫忙自己存錢。大部分銀行都有提供這項服務，只要將轉帳日設定成發薪日或發薪日的隔天，等時間一到，你設定的金額，就會自動轉帳到你設定的儲蓄帳戶內。

此外，日本有些企業也會提供員工「薪資設定轉帳」（按：發薪時，會扣掉設定的儲蓄用金額）或「企業優利儲蓄」，如財形儲蓄（按：財形，也就是財產形成。為促進勞動階級存錢購屋，公司每月從員工薪水直接扣掉一定比率的錢存進銀行，或投入資金市場）等，大家能善用這些方式，強迫自己儲蓄。只要三年，就能把相當於「預存六個月生活費」的整筆資金，轉移到儲蓄帳戶來自行管理，這也是可行的方法之一。

總之，先用三個月，達成日用帳戶的目標儲蓄水位，再幫自己建立一個能確實存錢到儲蓄帳戶的有效機制。

養成有錢體質第二步

儲蓄帳戶的目標儲蓄水位為六個月生活費。以每個月生活費二十四萬日圓為例，儲蓄帳戶目標儲蓄水位為一百四十四萬日圓。再以每個月存入薪資的六分之一，約四萬日圓來計算，大概三年就能達成儲蓄帳戶的目標存款額。請在第二步的第七、八、九個月，幫自己建立一個能確實存錢到儲蓄帳戶的有效機制。

理財帳戶，可以開證券帳戶來代替

在達成日用帳戶裡有一．五個月生活費的目標儲蓄水位，並幫自己建立一個有效機到能確實提撥六分之一月薪收入，以充實儲蓄帳戶的存款水位後，接下來，我們要進入養成儲蓄體質的最後一個階段——理財帳戶。

理財帳戶的主要功能是投資，也是老後退休生活所需的資金，能透過時間的複利效果穩定增值。因此，理財帳戶最好選擇能交易股票、基金等金融商品的證券帳戶。至於證券戶的實際操作方式，我會在第四章詳細說明。

簡單來說，當我們備妥日用與儲蓄用兩個帳戶後，可以把剩餘的資金慢慢放進理財帳戶，並且透過保值且低風險的金融商品，穩健的理財投資。

本書推薦的投資操作方式，並不鼓勵以短線進出市場來決勝負，而是跟時間當好朋友，以十年、二十年為單位，慢慢滾出數千萬日圓。

對於零存款的月光族或正養成儲蓄體質的人們來說，一千萬日圓（約新臺幣兩百七十萬元）、兩千萬日圓彷彿是遙不可及的數字。但如果三十歲世代的人們，願意投入二十年至三十年，妥善利用手邊的積蓄，這絕對是有可能實現的目標。

在養成有錢體質第二步的最後一個階段，請利用這三個月，開設好理財帳戶，並敞開心胸準備隨時吸收新的理財知識。

同時管理儲蓄帳戶與理財帳戶

準備好三個帳戶後，你可能會有些困惑：要達成日用帳戶的儲蓄水位，需要幾個月時間；想達成儲蓄帳戶的存款目標，可能又要花幾年，這樣看來，等到打造理財帳戶時，豈不是等到頭髮都白了？

確實，如果是零存款的月光族，現在才按部就班的提撥六分之一月薪，等達成日用帳戶或儲蓄帳戶的目標存款水位，恐怕已經過了好幾年。但考慮到人生已屆三十歲後段，若還要先花兩、三年來準備存款，不如及早開始接觸投資，以免浪費寶貴的時間複利。

所以在這個階段，我通常都會建議那些來諮商家計的人：「要不要同步進行儲蓄與投資？」就算是零存款的月光族，也能透過重新檢視日常支出狀況，從日用帳戶中進一步找出浪費的開銷，只要使用第二章曾介紹過的方法，要讓儲蓄與投資分頭並進，並不困難。

現在，重新檢視關於消費、浪費、投資的支出分類方式，基本步驟如下：

1. 找出被歸類在消費及投資中的浪費支出。
2. 重新檢視在步驟 1 所找出的支出，想看看是否能減少或降低浪費。
3. 挑戰降低浪費支出。
4. 把省下來的錢，挪到投資類別。

反覆進行以上四個步驟，重新檢討自己使用金錢的方式，再次確實掌握目前的支出狀況，以刪除沒有必要的支出項目。

保單、汽車、手機，非必要開銷總藏在這裡

當我們再次檢視生活中的各種支出項目時，首要目標在於檢查家計三分法中，固定支出是否還有可縮減的空間。若有，那麼這些可被刪減的項目，就可以轉為理財帳戶的投資基金來源。

現在，就用下面的方法，一起挖掘每個月的支出中，有沒有可減少或刪除的支

出項目。

●檢查手上的壽險保單，有符合現階段的需求嗎？

你了解自己目前投保的所有保單內容嗎？事實上，保費支出變成浪費破口，是十分常見狀況，尤其在人生的不同階段，所需要的保障內容也有差異。來找我諮商的個案中，有些家庭每個月負擔的高額保費超過十萬日圓，以至於家計出現警訊。

我並非指所有保險支出都是浪費，而是要大家確實檢視手上現有的保單內容，是不是仍有可以調整的空間，例如，保障的範圍有符合自己現階段的需求嗎？重複投保哪些項目？有沒有利率不高的儲蓄型保單？

因為有許多三十歲世代的單身上班族，手上現有的保單，都是自己在剛出社會時，被保險業務推銷的人情保單，從沒仔細檢視保單的內容，所以不清楚其保單是不是符合自己需求。

請依據自己的年齡與生活現況，花點時間重新檢查保單內容，說不定可以減少一些非必要的保費支出。

● 改用廉價手機門號，以減少通訊月租費的固定支出

我做家計諮商時，通常會推薦個案改用虛擬通信業者的「廉價手機門號」，來降低每個月通訊月租費的固定支出。雖然有些費率方案，比較適合通話量較低的使用者，但最近各家通信業者紛紛推出不同方案，可提供許多選擇。

（按：日本的廉價手機門號是由虛擬網路服務經營者〔Mobile Virtual Network Operator，簡稱ＭＶＮＯ〕所提供的行動通訊服務，由於業者不實際架設基地臺、也不布建實體通訊網路，僅透過租用頻寬來營運，因此比一般實體電信業者的通訊費率更為低廉，但所提供的服務內容與功能，可能會有部分受到限制。）

因為業者在日本電視媒體上強力打廣告，曾讓我一度以為廉價手機門號相當普及，直到最近，我在某場演講實際詢問臺下觀眾：「有誰使用廉價手機門號？」現場一百多個人只有十位舉手。可見得會因廉價而真正採取行動、願意更換通訊業者的人，應該只有少數。

當然，目前日本各大電信商為因應市場競爭，也推出許多便宜的資費方案，但實際上跟廉價手機門號相比，月租費仍不算低廉。因此，我建議大家檢視自己的通

信費用合約，透過選擇不同業者與不同方案，來降低固定支出（月租費）。

目前廉價手機門號的計價方式十分多元，有網路用量、是否附加社群平臺服務、是否使用通話功能以及純上網等不同類型。重點是配合自己的使用需求與生活型態，找出最適合的資費方案，只要每個月能減少幾千日圓的固定支出，一年累積起來就是幾萬日圓。

● 不養車，改用共享汽車

如果你有自用車輛，但使用頻率不高，我推薦你可以考慮改用共享汽車服務，這是一種新型態的汽車租賃方式。只要先在共享汽車的平臺註冊會員，就能輕鬆使用業者所提供的汽車租借服務。

當你需要用車時，可透過網路查詢預約，取用停放在你所在地附近的共享汽車。租借的計費方式依各個業者有所不同，可能是十分鐘兩百日圓（約新臺幣五十四元）或十五分鐘三百日圓（約新臺幣八十一元），價格都相當合理，也不用額外支付保險費或油資等。

基本上，共享汽車在使用時才需要付費，不會有閒置時固定支出（如稅等）。而且維修與保養都是由租車公司來負責，就算加上某些平臺業者可能需要入會費或基本月租費等，但整體成本加起來，也還是比自己養車要來得低。

畢竟自己養車，就得負擔車貸、油資、車險、驗車及保養等費用，如果再加上市區內要租停車位，每個月光停車，就可能花上幾萬日圓。

當然共享汽車也有一些缺點，例如：雖然業者正逐步增加可用的車輛數量，但在需求量較高的熱門時段，如暑假、過年、連假及購物季等，很有可能一車難求。不過至少可以預見的是，改用共享汽車來代步，肯定能大幅度減少養車成本。

但就像前文所說的，如果對你而言，擁有專屬於自己的，是情感上的滿足，也是生活樂趣的唯一來源，那麼，比起勉強自己降低固定支出，請好好珍惜開著愛車兜風時的暢快與滿足感。

此外，若你生活的所在地並不適合共享汽車，也不要勉強使用這個方法。畢竟為難自己才能達成的節約或儲蓄方式，都很難長久維持。

前面這些方法，都是透過檢視及減少固定支出，來進一步降低消費開銷總額。

這些經過降低開銷而多出來的結餘款項，就能挪到理財帳戶，加上月薪六分之一的金額存入儲蓄帳戶，便能同時進行投資與儲蓄。

為什麼要用理財帳戶來投資？

儲蓄帳戶的主要功能，是為了讓我們在遭遇不可測的緊急事件，甚至因此面臨收入中斷的窘境時，在短時間內能不慌張的應對狀況，讓生活不至於出現問題。而理財帳戶則是為了因應高齡時代，藉由一點一滴的穩定投資，先為自己準備好一筆老後生活的安養費用，也為退休人生預做準備。

由於財富不太可能一夕暴增，所以就算我們現在只能每個月在理財帳戶存幾千日圓，也要儘早開始投資，做到同時儲蓄與投資。

一般人對投資有消極、負面的印象，如「投資很可怕！」、「萬一賠錢怎麼辦？」、「投資理財的門檻很高」等。但現在的投資環境與過往大不相同，只要有一百日圓就能開始，還可以選擇將各種投資標的都整合在一個籃子裡的基金型商品，如此一來，就算是新手也能輕鬆做到分散風險。

或許這兩年因為新冠肺炎的影響，讓市場出現一些波動，有些人也會因此感到恐慌與不安，但如果把投資的時間軸拉長到十年或比十年更久，我們就會發現，只要善用投資工具，就有很高的機率能讓資產穩定增加。

換句話說，越早開始投資、越早讓時間複利成為你的盟友，投資者越能感受到複利（按：把利息滾入本金，再累積出新的利息）的效益。我之所以在前文提到，累積儲蓄帳戶的目標存款水位時，要開始活用理財帳戶來投資，就是希望各位能從微薄的小額投資開始，為自己滾出豐厚的獲利。

過去有很長一段時間，大多日本人的理財習慣都只是保守的儲蓄，直到近年才開始有越來越多的人對投資產生興趣。但在這股投資趨勢下的隱憂，就是有許多人妄想一夜致富。哪怕缺乏相關知識，也都跟著這股投資熱潮一起搶進市場。這種情況讓我感到十分擔心，畢竟對我來說，不論是投資個股、投資外匯（FX），只要以**短期高風險的獲利為目標**，那就**不是投資**，**而是投機**。所以請先建立起**基礎概念——長期持有、分散配置**——以穩健踏實的操作理財帳戶。

如何選擇券商與開立證券戶（編按）

在臺灣，因為法令規定，投資人要買股票須透過券商來保證買賣能進行。只要是本國國民，攜帶雙證件、印章，就可以去券商公司開證券戶。要注意的是，若未滿二十歲，須由法定代理人陪同開戶。開戶流程的基本步驟為：

1. 準備好雙證件與印章，及一些現金到證券商開戶。
2. 填寫開戶相關資料，此外也可以申請電子交易委託書，這麼一來，之後就能用電話或網路、App 下單。
3. 開好證券戶後，去配合的銀行設立交割銀行帳戶。

不過話說回來，臺灣的證券商有很多，我們該選擇去哪個券商開戶？首先，我們要知道的是，在投資買賣股票時，都要付手續費和交易稅（見下頁圖）。過去買賣股票，投資人都是利用電話聯繫營業員協助下單，因此券商會收較高的手續費（原價不打折）。

不過隨著科技的進步，現在有越來越多人利用電子下單（按：利用電子下單比重達七〇%，而且仍持續成長），因不需要透過營業員下單，所以網路下單手續費會有折扣。

手續費折扣多少，依各家券商而定，通常落在五折左右。要注意的是，小型券商為了搶生意，所以手續費會殺低，但考量到部分小型券商的程式軟體相對不好用，及服務據點沒有大型券商廣，所以對投資人的實際幫助有限。

下頁表是二〇二〇年九月部分券商的手續費比較，實際情形須以辦理開戶手續時的資訊為主。選好要在哪一家券商開戶後，就可以準備好相關證件跟印章，到該券商開戶。

在完成所有中辦手續並通過券商審核後，只要依指示登入券商的網路交易平臺，就可開始進行交易這時，理財帳戶就開設完成了。

買進手續費：買進價格 × 0.1425% × 券商折扣
賣出手續費：賣出價格 × 0.1425% × 券商折扣
+ 賣出價格 × 0.3%

股票開戶證券商手續費比較				
代號	券商	折扣	何時退	手機下單
8560	新光	2.8 折	日退	有
1040	臺銀證券	3.5 折	日退	有
8710	陽信	3.8 折	日退	有
1020	合庫	5 折	月退	有
1230	彰銀	5 折	日退	有
1030	土銀	6 折	月退	有
1160	日盛	6 折	月退	有
5380	第一金	6 折	月退	有
6160	中國信託	6 折	月退	有
7000	兆豐	6 折	月退	有
8150	台新	6 折	月退	有
8840	玉山	6 折	月退	有
9600	富邦	6 折	月退	有
9800	元大	6 折	月退	有
5920	元富	6.5 折	月退	有
8880	國泰	6.5 折	日退	有
9100	群益金鼎	6.5 折	月退	有
9A00	永豐金	6.5 折	月退	有

理財關鍵：你為了什麼目的想要存錢？

到目前為止，我們依序說明了如何使用日用、儲蓄、理財等三個帳戶，來養成有錢體質的各階段步驟。

在本章的最後，我要提醒大家，始終保有有錢體質的重要關鍵，在於你一定要想清楚「自己究竟是為了什麼重要目的，而願意開始存錢？」這是為了抓住自己最重要的價值觀。

因為在養成有錢體質之後，我們會非常重視節約與家計收支狀況的平衡，但這絕對不是一毛不拔或禁止花錢。而是我們會懂得選擇最適合自己的消費方式，並且在節約與儲蓄的過程中，認真思考如何創造最大價值。

畢竟世界上沒有任何一個人在理財方面，能保持完全的理性，無論你再怎麼認真的檢視日常支出，還是可能會有浪費開銷。例如「今天聚餐時，好像不小心花太多錢了」或是「這款手機遊戲裡某一角色是我的本命，我要課一單去抽這個角色！（按：課，指在遊戲裡花錢；一單，即一單位，遊戲裡一次可購買最高數量為一單。在部分手遊，一單可達約新臺幣三千元）」，哪怕是這樣的縱情消費也無妨。因為特別耽溺某些事情，或面對某些狀況時，意志顯得特別薄弱，都是人類正常的反應。

最重要的，是要保有非達成某個目標不可的執念，因為這是讓我們能繼續努力、不隨波逐流的至要關鍵。

只要利用本章介紹的三個帳戶：日用帳戶、儲蓄帳戶、理財帳戶，就能逐步讓儲蓄存款增加，且使家計進入穩定狀態。但要持續進行，進而發揮理財帳戶的長期投資效益，甚至打造出超強理財術，則是另外一個層次問題。

因為，如果你沒有任何存錢的動機，只是單純看別人開始存錢，於是跟著這麼做，很難有意識的執行這套家計理財方法。所以請一定要問問自己：「為什麼要存錢？」、「存到錢之後，有什麼用錢計畫？」、「怎樣的生活與消費方式，會讓自己有幸福感？」藉由一連串提問，找到屬於自己的答案。這點遠比學習儲蓄的方法更為重要。

如果不知道自己為什麼存錢，只是覺得到了某個年紀，好像應該要有點積蓄，以這樣的態度，絕對無法養成真正的儲蓄體質。你可以先找一個目標，例如：

- 想與交往對象在後年結婚並舉辦婚宴，所以必須存錢。
- 為了豐富自己的資歷，計畫去國外留學，所以必須存錢。
- 為了提早退休、搭商務艙環遊世界，所以存錢。

接著利用儲蓄帳戶與理財帳戶，實施儲蓄計畫。這麼一來，在達成目標之前，我們就能堅持下去。

可以試著用今年想要完成的目標、五年後想實現的夢想、二十年後預計完成的計畫……像這樣根據時間軸，分別來訂定短、中、長期的目標。以目標為動力，來改善家計與推動儲蓄計畫，建立自己對於財富管理的價值觀。

養成有錢體質第二步

在這個步驟的最後三個月，準備儲蓄用與理財用等兩個帳戶（重點是開設證券戶以作為理財帳戶使用），並同時進行儲蓄和理財。

再次檢視日常支出，將非必要的支出挪到理財帳戶，並做好投資的準備。

記得問自己為什麼存錢？找出自己堅持存錢的目標。

第四章

投資三原則：長期、分散、定時定額

本書的目標，是藉由三步驟，來幫助大家消除對於金錢的焦慮，並且帶領著大家一步步打造超強的理財術。

投資，是為了讓錢幫我們賺錢

第一步是學習掌握與控制支出（第二章）；第二步則是學習如何打造儲蓄體質（第三章），接著是第三步，我們要創造穩定、被動增值的理財方式。

首先，增加儲蓄的方法大致可分成三種：

1. 增加每個月的收入（第六章會介紹如何開創副業）。
2. 減少每個月的支出（落實第二、三章介紹的內容）。
3. 運用投資來穩定獲利（本章要介紹的主題）。

現在我要介紹，如何運用投資來穩定獲利。

簡單來說，就是越早開始長期投資越好，讓時間成為我們的盟友，藉由複利效益來增加資產。

但是開始投資，有一個非常重要的前提，就是手上要有多餘的資金。如果你用錢習慣是有多少收入，就花多少，那麼，只要停止工作、收入也隨之中斷，在這種情況下，談不上什麼投資。

所以，若想穩定的進行投資計畫，請先學會節制支出，這點在前兩章都曾介紹過，包括檢視自己花錢方法；減少非必要的支出；運用家計三分法來節約開銷等。透過這些步驟，讓月薪變成能留在身邊的儲蓄。等有一定的基礎資金之後，我們才能開始學習如何投資。

在本章介紹的投資方法，以穩定的被動獲利為目標，藉由穩健的金融商品等投資工具，讓人們持有的資產一點一滴的增值。換句話說，也就是讓錢幫我們賺錢，從小錢滾成大錢。

一般大眾可能認為，把存款放在銀行裡生利息，也是一種投資方式，但是目前銀行的存款利率非常低，不僅增值幅度有限、投資效益也極差。所以我才要建議選擇其他風險低、投資效率高的金融商品，讓自己在工作賺錢的同時，所投資的項目也能幫我們穩健獲利。

在能力所及的範圍內讓錢為你工作

我們曾在第三章介紹過，投資理財的重點，在於同時使用儲蓄與理財等兩個帳戶，別因為剛開始的數額不大，就輕易放棄投資。

有些人剛面對投資時，因沒有相關經驗，所以可能反射性的認為，投資的門檻很高。但日本近年來推出許多鼓勵個人投資的方案，例如 iDeCo、積立 NISA 等，這些都可以讓剛入門的初心者輕鬆上手，而且還提供了稅賦優惠。

當然，投資一定會有風險，但是風險也會帶來相對的回報，從長期的角度來看，善用投資理財工具，比起單純只把錢存在郵局或銀行，能獲得的增值保障相對較高。

以 iDeCo 帳戶來說，除了提供與銀行定存相近的利息，還可以透過定期定額的提撥，自由選擇投資不同的金融商品或投資標的。

更重要的是，提撥到 iDeCo 帳戶內的金額，可以從綜合所得中扣除，不用被課稅。也就是說，這樣的投資帳戶不僅可以幫我們穩定投資、增加獲利，還可以達到實質節稅的效果，幫助我們開源節流。

日本媒體曾報導：「老年後的退休生活，至少得存兩千萬日圓才夠用。」這則新聞受到大眾關注的程度，遠遠超出了政府機關的預期，甚至引發了各種討論，成為一種社會現象，有許多人因無法達成這個安穩退休的目標，而感到驚慌失措。

老後生活究竟需要兩千萬日圓、一千五百萬日圓（約新臺幣四百零五萬元），還是三千萬日圓（約新臺幣八百一十萬元），其實隨著每個人的家計狀況與生活品質，而各有不同。

但仔細思考「老後生活需要兩千萬日圓」，對於財務規畫師或理財專家們來說，就只是把一般人退休後的生活費用逐年加總計算而已，並不是什麼驚人的創見。但至少我們可以藉由這件事情來理解，如果我們的存款在那個時候只有一百萬或兩百萬日圓，絕對不夠用。面對這樣的情況，即使你非常排斥投資，我仍認為你要給自己一些時間，好好思考投資的必要性，因為這是非常值得的。

高齡時代已來臨，面對退休後的漫長生活，如果只靠國民年金等政府提供的基本保障制度，不論是延續生命或維持生活品質，恐怕會產生不少疑慮。再加上存款水位會隨著退休後日復一日的提領，而漸漸降低，人的內心會產生多少不安也可想而知。

在我們三、四十歲的階段，因習慣了有工作就有收入，家計支出也不太容易出問題，所以我們很難對上述狀況產生危機意識；甚至很多人是看到本書，才突然意識這些問題。

即使如此也沒關係，重要的是在能力所及的範圍內，開始建立有效的方法，讓你的資金為你工作，被動增加未來的財富，就可能會減緩將來的焦慮。

如同前文所說，投資理財是一般人為老後生活預做安排的最好選擇。因為，只要持續投入固定的資金，藉由長期投資的複利效果，經過十年、二十年、三十年，就能讓累積的財富效益穩定增值。但我希望大家能開始投資理財，還有一個非常重要的理由：**三十年前的一百萬日圓與現在的一百萬日圓，價值一樣嗎？**

日本從西元一九八九年開始徵收消費稅，課徵的稅率從三％、五％、八％，一路調漲到現在的一〇％；而且不只稅金負擔，許多飲食與日用品也不斷漲價，現在的一百萬日圓，根本買不到跟三十年前一樣的東西。

假設我們當初把一百萬日圓存進銀行，姑且不論少得可憐的利息，經過多年後，若帳面數字同樣是一百萬日圓，代表購買力（按：人們支付貨幣購買商品或勞務的能力）已經大大降低了，這就是通貨膨脹造成的隱性虧損。

而且虧損的幅度，還會依照你存放在銀行裡的存款金額，可能是兩百萬日圓、五百萬日圓或一千萬日圓等比例的增加。說得更清楚一點，投資理財不只要增加資產，更要減少購買力的損失，而且越早開始、持續累積，效果就會越顯著。

至於要選擇什麼樣投資標的，才能幫我們打造出超強理財術？

其實，在不同情況下會有不同的答案，但根據我多年的經驗，想要穩定獲利，用小錢來滾出大錢，不外乎就是長期、分散、定期定額的投入穩健的信託投資基金（Investment trust），這相較於單押一種特定標的，不僅風險要來得更低，成效也更能預期。

最後也提醒讀者：投資一定有風險，但只要在風險的容許範圍內，就不用過度恐慌。

出現黑天鵝，別急著殺出，該繼續買進

我寫本書的當下，全世界正陷入新冠肺炎的疫情衝擊，這股影響全球民生經濟的海嘯，在日本被稱為新冠震撼（Corona Shock）。從疫情擴散開始，全球主要市場的股價接連重挫，日經指數（按：由日本經濟新聞社推出，東京證券交易所內上市的兩百二十五家公司的股價指數）更在復甦了一年兩個月之後，又再度灌破兩萬點大關，直到二〇二〇年三月十一日為止，已經跌到一萬六千點左右。

因為我曾寫過《寫給初學者的三千日圓投資生活》等書，我從當時就不斷的建議初學者在投資時，應該要長期且分批、分散的來投資市場。所以面對新冠震撼時，有許多人紛紛透過社群媒體，要我給他們一個方向或建議，例如：「在這種情況下，我該要全部認賠殺出嗎？」、「不只先前累積的獲利消失了，現在帳面上還

有超過一百萬日圓的虧損，怎麼辦？」、「我現在超後悔，是不是不應該把儲蓄全壓在投資上？」

我能體會大家面對市場震盪時的激烈反應，不論是誰，看見自己的投資績效下滑，一定會感到不安。尤其是剛開始累積投資經驗的初學者們，第一次遇到市場的波動，也一定都會浮現疑慮：「萬一繼續慘跌該怎麼辦？」

但恐慌是投資大忌，只因為一時下跌就不理性的全數殺出，這絕對不是我會採用的方法。

我更建議大家要**利用**這波**市場大跌時，繼續買進與持有**（Buy & Hold），如果手邊有閒錢，不妨趁低點加碼以降低持有成本；就算手邊沒有多餘的資金，也不要任意殺出，這就是我長期投資的鐵則。

不管在《寫給初學者的三千日圓投資生活》或其他著作，甚至在本書中，我建議的長期投資法，基本上都是為了對抗金融市場上，可能會出現類似新冠震撼的重大突發事件，例如二〇〇七年、二〇〇八年出現的次級房貸與雷曼兄弟連動債；二〇〇九年的希臘國債危機；二〇一一年的三一一東日本大地震等。在爆發這些突發事件的當下，全球市場也都一度恐慌重挫，但從長期投資的角度來看，隨著時間拉長，市場也都已回復到原先的價位了。

我不只是理財書籍的作者，也是一名投資人，跟大家一起經歷過這些艱難的時刻。甚至在新冠肺炎之下，我跟所有讀者以及眾多諮商家計的個案們，一同面對市場劇烈波動。

不過依照近幾年日經指數的平均表現，通常都在一萬五千點到兩萬點的區間（按：二〇二一年一月，日經指數已飆漲至兩萬八千六百三十三點），偶爾因為突發事件，可能會跌破萬點、甚至到七千點左右，但只要一段時間又會回到正常的價位。如果從這個價位繼續定期定額的長期投資，結果會是怎麼樣子？

長期投資可以隨時進場

如果我們在金融市場裡投資一萬日圓，後來獲得超過一萬日圓的帳面價值，通常是由兩種情況所造成的：一個是價格上漲，另外則是加上複利效果所帶來的收益成長。以二〇二〇年來說，市場上大多數藉由投資而獲得豐厚獲利的人，多半是從千禧年後的幾次低點時，就開始長期進場布局的投資人。

哪怕此時此刻因疫情的影響，全球對未來的經濟發展都抱著不太樂觀的態度，其衝擊更直接反應在全球金融市場上，甚至連穩健投資型的基金淨值（按：基金的實際價值，也是買賣基金的價格）與規模都受到影響而下滑。

但只要回顧過往的市場走向，就可以發現目前，暴漲狂跌的資金浪潮終有結束的一天，全球的經濟發展與金融市場，不可能永遠呈現負成長。根據我的經驗判斷，最長不出十年，整個市場就會恢復活力，甚至超過新冠疫情崩盤前的水準。

本書推薦的投資標的，正是一種以大範圍市場經濟為投資目標的指數型基金（Index Fund），這種金融商品的特色，會隨著全球的經濟成長而穩定獲利。

許多投資新手們總會擔心一個問題：「現在是適合進場投資的時間點嗎？」我必須說：「永遠都沒有完美的時間點，什麼時候進場都沒問題。」雖然要大家在新冠震撼時進場投資，可能需要一些勇氣，但就算現在是「日經指數上兩萬點」的長線牛市（按：牛市，又稱為多頭市場，是指證券市場上價格走高的市場；

反之，證券市場上價格走低的市場，稱為熊市、空頭市場），大家也會擔心：「萬一進場之後，遇到熊市回檔怎麼辦？」

因為我們不像一次投入大量資金的投資客，會在高點一次重押幾百萬日圓搶短線，萬一突然遇到重挫，可能有很長一段時間陷入虧損狀態。所以時間點根本不能算是問題。只要長期、分散、定期定額的投資，就可以幫我們大大降低受到短期市場衝擊的危險。

長期、分散、定期定額——這套方法的優點，不只可以幫我們慢慢累積投資的本金，也能透過不同時間點與價位的進場成本，**減輕我們遭遇市場波動時的風險**。

這個道理在於，當我們定期定額投入資金，在不同價位時所能購得的金融商品單位數也不同。也就是說，在金融商品單價較高的時候，我們投入固定金額所能購買的單位量較少；而當金融商品的單價較低時，我們固定金額所能購買的單位量就會增加。長期下來，不管金融商品的價格會如何浮動，我們所持有的成本，都會貼近長期市場的均價。因此，只要先決定每個月要投入多少金額，再告訴自己定時定額的持續購入即可。

根據統計顯示，只要像這樣持續投資二十年以上，幾乎沒有人虧損，絕大部分投資者都能獲得二%至六%以上的獲利。尤其是市場遭遇新冠衝擊造成的低點，就是讓大家能「先蹲後跳」的好時機，只要在價格便宜時入市，將來就會得到鉅額的回報。

所以掌握關鍵的投資三大原則：長期、分散、定期定額，讓時間與複利成為你的最佳盟友。不要為了無法預測的未來而瞎操心，也別因為擔心風險就放棄投資，好好把握眼前的每一個機會，從長期投資開始，為十年、二十年後的自己，創造出豐盛的未來。踏入投資的第一個月，就從做好投資的心理建設開始。

養成有錢體質第三步

在最後一步，我們要建立能穩定被動增值的投資機制。第一個月，從做好投資的心理建設開始。

複利：時間越長，效益越可觀

當我們準備好理財帳戶——開設證券戶（開戶步驟在第三章有完整說明）進行投資之前，我要告訴大家兩個投資基礎。第一個是本節要說的複利（已經充分了解這個名詞的讀者們可跳過此節）。

單利和複利的差異，簡單來說：

- 單利：是指單純以本金來結算每一期的利息。
- 複利：以「本金＋前期的利息總和」來結算每一期的利息。

假設用本金兩百萬日圓，年利率三％，投入時間為十年來計算，如下頁表。

簡單來說，複利就像滾雪球，讓可以被計算利息的本金規模不斷增加，利息因此隨著本金增加而逐年提高。時間越長，單利與複利之間的差異越顯著。

如果以本金兩百萬日圓，年利率三％，投入時間為三十年來計算的話，結果如

■ **單利：**

每年配發利息：200 萬日圓 ×3%＝ 6 萬日圓
本金 200 萬日圓＋（利息 6 萬日圓 ×10 年）
＝ 260 萬日圓

■ **複利：**

第一年本利和：
本金 200 萬＋利息 6 萬日圓＝ 206 萬日圓
第二年本利和：
206 萬日圓＋（206 萬日圓 ×3%）
＝ 212.18 萬日圓

⋮

十年後本利和：268.7 萬日圓

268.7 萬日圖－ 260 萬日圓＝ 8.7 萬日圓
由此可知，十年後複利的本利和比單利多了 8.7 萬日圓。

■ **單利：**

每年配發利息：200 萬日圓 ×3%＝ 6 萬日圓
本利和：200 萬日圓＋（利息 6 萬日圓 ×30 年）
＝ 380 萬日圓

■ **複利：**

第一年本利和：本金 200 萬日圓＋利息 6 萬日圓
＝ 206 萬日圓
30 年後本利和：485 萬日圓

選擇複利計算方式，效率最高。

本頁上表。

十年期間，單利與複利的差額僅約為八萬多日圓；但從三十年期間來看，單利與複利的差了一百零五萬日圓（約新臺幣二十八萬元）。在用小錢滾出大錢的期望上，選擇複利計算方式，肯定是效率最高的方法。因為複利就像堆雪人，我們會先捏出一個堅硬的小雪球（本金），再把小雪球放在雪地上不斷滾動。雪球在雪地上滾一圈，就會沾附一些地上的雪（利息），連續滾兩、三圈，小雪球就會慢慢變大，這就是複利驚人的效益。

而單利等於把每顆小雪球都只滾上一小層的雪，如同打雪仗時我們所準備的雪球一樣，一顆一顆小小的、看不出什麼威力。

所以要善用複利的優勢：時間拉得越長，利息的收益就越豐厚。哪怕一開始的本金不多，經過一年一年的滾動，也能滾出一顆大雪球，等到規模越來越大，每一次利息也就越可觀。

複利理財有如時間魔術，一開始沒什麼感覺，但等到大約十年之後，就能感受到其中的樂趣與顯著變化。起初一、兩年的成長可能很有限，但只要耐心等待，相信你會在某天忽然發現：「原來當初這筆錢，已經累積出這麼一大筆財富！」

省吃儉用難存資產，但投資、複利可以

再跟大家分享一個案例是我女兒：她從高中開始定期定額的投資信託基金，雖然每個月只能投入極少的金額，但她持續的投入，讓時間的複利效果，成為她投資

的好朋友。從十幾歲開始計算，若以六十歲為投資的目標，那她持續投資的期間，會超過四十年。

假設她每個月存入一萬日圓，年利率三%，投入時間為四十五年。可以預期的結果如下表。

當然在她的人生中，也會遇到一些必經的過程，例如獨立生活、買車買房、結婚育兒，及孩子的教育費用等，這些階段的花費與開銷，對她來說都是相對較高。

但儘管如此，我還是建議她持續定期定額的投資，甚至在她開始工作賺錢後，還可以考慮增加每個月固定投資的金額，長此以往，一定能累積出一筆不小的財富。總而言之，越早讓時間與複利來幫你投資理財，資產的累積效果就越好。

我在前文說過，可以利用國際情勢的黑天鵝，在市場低點時加碼布局的。只要經過幾次全球性的景氣循

本金：1 萬日圓 ×12 個月（一年）×45 年
= 540 萬日圓
預估複利利息：590 萬日圓
45 年後，本利和資產：540 萬日圓 +590 萬日圓
= 1130 萬日圓

環，就可以有效降低你的投資成本，同時達成減少風險、提高獲利到超過五%的投資報酬率。

一樣是每個月定期定額投入一萬日圓，當我們的投資報酬率提高到五%，一樣用四十五年來計算，累積獲利就會整整多出一千五百萬日圓，加上所投入的本金，想接近兩千萬日圓的退休儲蓄，絕對不是夢想。

俗話說時間就是金錢，對長期投資而言，時間與錢更是同等重要。

在一剛開始投資時，可以在網路上搜尋定期定額、複利、試算等關鍵字，在金融廳（按：類似臺灣的財政部或金管會）以及各家金融機構，甚至是電子產品製造公司卡西歐計算機的官網上，都有提供複利試算的服務。只要輸入自己計畫每個月要定額投入的資金，以及預期能達成的投資報酬率（二%至五%是比較穩健實際的計算方式），再輸入你願意持續投資的年數，就可以試算出在這樣的投資基礎底下，十年、二十年，或是三十年後的投資獲利總額。

看著這筆「鉅款」，應該有很多人開始理解，光靠自己一點一滴的省吃儉用，怎麼樣都無法達成的天文數字。只要用時間與複利來支撐你的理財計畫，再對準時機減低成本風險，不論誰都能擁有原先看似遙不可及的資產與財富。
不妨就從現在起，積極盤算你的人生理財規畫，充滿自信的著手開始投資吧！

養成有錢體質第三步

第三個月，讓我們學習複利的威力，透過模擬試算，想像豐盛的未來。

十九年不間斷，讓我穩穩賺六%

在前一節，我曾提到兩個關於投資的基礎知識，第一個是複利，而第二個，是我們接下來要說的風險。

「投資一定有風險。」相信大家對這句話耳熟能詳。而一般人對風險的理解，多半都是著重在其危險性。但在投資的世界中，風險比較接近於不確定性。也就是說，高風險不代表高危險性，而是不確定性比較高，雖然有比較高的機會可以獲利，但遭遇虧損的機率也不小；相反的，低風險則代表，贏得獲利的可能性比較低，但也不容易遭遇到虧損。

接下來，我們就依照風險的高低，來介紹幾種投資常見的金融商品：

- 高風險／高報酬：商品波動大、不確定性也較高，但有可能獲得較高的獲利。例如：股票、外匯保證金交易（FX）、不動產投資等。
- 低風險／低報酬：商品波動小、不確定性較低，相對獲利幅度也較小。例如，定期定額的穩健型信託投資基金、政府債券（government bond）等。

我運用投資工具來管理資產配置，已將近十九年，幸運的是截至目前為止，並沒有遇過巨大虧損，**累積的投資報酬率也逐年增加到六%**。

之前為工作與研究上的需要，以及為了滿足自己的好奇心，我曾經嘗試過一些高風險、高報酬的投資工具與金融商品，例如股票、外匯保證金交易、外幣存款甚至不動產等，甚至也接觸過很可疑的投機項目。

但在操作這些高風險的**投資**時，我有一個原則：就是絕對不動用日用帳戶或儲蓄帳戶裡的資金，而且要**預先設定好理財帳戶中可動用的資金上限**。在面對這些高風險投資工具時，我給自己的投資上限是：理財帳戶中一五％的資金。

就算如此，我還是經歷過一天賺到上班族一個月的薪水，但隔天又瞬間損失大半的慘痛教訓。而且患得患失的心情，會讓我因為放不下這些虧損，而有好一陣子無法專心工作。縱然偶有幾次獲利的機會，也會因為財富來得快，也去得快，反而容易增加浪費支出。

其實以我這麼多年的投資經驗，我歸納出一般投資人在投資時最容易遇到的風險，就是「對於理財糊裡糊塗、不明不白」。

不論是朋友間的口耳相傳、財經雜誌或媒體的推薦、理專或營業員的小道消息等，這些都會影響我們判斷。我們總是聽到一點風聲，就一股腦的全盤相信，缺乏一致的、有邏輯的投資策略。

久而久之，我們不知道賺錢是因為什麼而賺錢？這一波的盈虧是多少？接下來的操作策略又該怎麼規畫？甚至搞不清楚自己投入了哪些投資工具。換句話說，以家計三分法的概念來看，就是處於無法掌握、也看不見浪費正在發生的情況。

所以，我還是建議盡量簡單的投資，意思是把投資目標縮小在一定的範圍內，讓自己有能力掌握投資現況。以這個前提來看，我會推薦定期定額投資指數型基金，因為其特色是低風險、獲利穩健，我們可以很清楚的知道自己正在投資什麼。

尤其以三十歲後半的人生階段來說，我們當初被動參與的各項社會福利制度，包括退休制度與年金等，都面臨了嚴峻的財政窘困。讓自己提早開始長期、分散、定期定額的投資指數型基金，可以讓我們確實感受到自己正累積財富，也可以藉由複利與時間的效益，讓心情感到更為踏實。

看不見的虧損：購買力貶值

另外，還有一種一般人不容易察覺的風險，是購買力貶值。

目前，可以說是日本有史以來銀行利息最低的年代，如果使用比較官方的說法，就是從二〇一六年一月日本央行宣布實施「負利率與質化的量化寬鬆政策」以來，所有日本金融機構存放在央行的資金，大多會以負利率來計算。因此，金融機構提供給一般民眾的存款利息，也隨之下降到零利率，甚至負利率。

舉例來說，在父母那一輩，他們剛出社會工作時，日本處於銀行利息的高峰期，約在一九八〇年到一九九〇年代左右。在當時，他們只要把每個月的薪水或獎金存到郵局或銀行裡，財富就會穩定增加。

我記得小時候，只要把過年拿到的十萬日圓紅包存到郵局，一年後就會變成十萬五千日圓（約新臺幣三萬元）。與現在相比，就算我們把薪水跟獎金都存到銀行裡，每年所配發的利息也是少得可憐，只要多用幾次跨行提款或轉帳交易，其手續費就完全抵消利息。

至此，想單靠銀行存款來讓財富增值，幾乎已經不可能。或許有人會說：「至少錢放在銀行裡，本金再怎麼樣也不會變少，跟投資可能會產生的虧損比起來，錢放在銀行裡還是比較安心。」但會這樣說的人，可能忽略了長期把錢存在銀行裡，會造成購買力貶值，這種隱形虧損的風險是看不見的。

以目前的日本來說，無論是物價或工資，已經維持了很長一段時間的穩定下滑，也就是長期處在通貨緊縮狀態。但是政府為了發展經濟，必須帶領國家脫離通貨緊縮，市場才有可能再次活絡。

而負利率政策，正是基於這個概念所產生的，雖然目前看起來效果不彰，再加上新冠震撼的影響，超低利率的時代應該還會維持一段時間。但把時間拉長到二十年至三十年，從景氣循環的角度來看，通貨緊縮總有一天會結束，隨之而來就是通貨膨脹的時期。

到時候，物價會開始上漲，我們手上的現金或放在銀行的存款，其購買力也會開始貶值。舉個例子，原本某東西賣一萬日圓，未來可能會漲到一萬二千日圓，等於是我們手上的一萬日圓，縮水了兩千日圓。

我們先撇除極端情形，若以每年消費者物價指數上漲一%來計算，我們手上的一百萬日圓存款，每隔一年的實際購買力只剩下九十九萬日圓（約新臺幣二十七萬元）。即使在銀行存款數字看起來沒有減少，但實際價值已經降低了一%，這就是通貨膨脹最明顯的影響。

如果再加上日幣大幅貶值，我們想要購買來自外國的進口商品，就必須付出更多的代價，以目前價值一千日圓的義大利葡萄酒來舉例，當日圓走低，我們就要花到一千三百日圓（約新臺幣三百五十一元）才能買得到，相對來說，也是日幣購買力貶值之一。

我們身處低利率時代，受到負利率政策的影響，如果只是把錢存在銀行裡，幾乎不可能增值。再加上未來所要面對的通貨膨脹、日幣貶值等狀況，就算把錢緊握在手裡，還是要面臨購買力貶值的風險。

既然風險永遠都存在，那我們應該要做的事情，是把風險最小化，讓資產可以放在「能產生比銀行利息更高獲益」的投資標的上，才可能是最佳選擇。

例如，找到一個投資報酬率三%的金融商品，以長期、分散、定期定額的方式穩定投入，讓時間與複利來為我們增加資產、稀釋風險，預先為通貨膨脹與貨幣貶值來做準備。

總之，面對負利率的環境，把資產做定期定額的投資配置，比起單單存在銀行裡，是更有效率的理財方法。

養成有錢體質第三步

第三個月，學習有關理財的兩種風險：投資風險以及什麼都不做的風險。

我的投資標的，全球平衡指數型基金

理解投資的兩大基礎知識，複利及風險之後，我們終於要正式加入投資人的行列。但世界上有這麼多的金融商品、數不清的投資標的，我們究竟要從哪裡開始下手才好？

最重要的是，在進場前先做好功課。

等做好功課、選擇好投資標的之後，就算投資金額小也沒關係，無論是一千日圓或三千日圓，每個月從理財帳戶中撥一些錢，長期、分散、定期定額的來投入市場並養成習慣，漸漸就能掌握投資。

因為不論投入的金額多寡，每天的市場波動總會讓帳面出現損益，哪怕損益的幅度僅有幾日圓或幾十日圓，我們都能從中感受到「我的資金正在參與市場波動」的切實感。

就像學游泳一樣，只有我們親身跳進水中，才有可能學會游泳；光是坐在泳池旁，模擬教科書上的標準姿勢，不論如何都不可能學會游泳。投資也一樣，鼓起勇氣踏出第一步，親自進場買賣看看，這是非常重要的。

在前文，我曾介紹幾種高風險與低風險的投資工具。

高風險的投資工具包括：外匯保證金交易、差價合約（按：是一種類似期貨的衍生性金融商品，目前只有部分國家的金融市場有開放交易，日本是其一，而臺灣尚無此類金融商品）及投資單一個股或不動產等，這些都屬於高風險金融商品。

而低風險的投資工具，則有銀行存款、政府債券、指數型基金，以及指數股票型基金（ETF）等。其中最適合用長期、分散、定期定額來投資的，應該就屬指數型基金，而這項商品也很適合第一次接觸投資的人來使用。

首先，我要稍微介紹信託投資基金，簡單來說，就是把投資人的資金集合起來，變成一大筆基金。再由專家來選擇投資股票或債券等金融商品，最後將所獲得的收益，依照投入的比例分配給每一位投資人。

而這裡說的專家，就是指發行信託投資基金的金融機構，他們委派專門進行投資操作的基金經理人。而指數型基金則是信託投資基金的其中一種，它的價格與投資市場的指數產生連動，如果追蹤日本股市的指數型基金，通常會與日經指數或TOPIX東證指數（按：和日經指數為日本東京股票交易市場的重要指標）連動，所以在市面上有這麼多類型的信託投資基金。對於初學者來說，我推薦指數型基金。

當然也可從現在開始做功課，選擇出自己屬意的投資標的，甚至也可以透過分析與配置，把一部分的資金放在自己國內市場、一部分的資金放在外國或國際市場，並依照趨勢來調節比例。

如果你聽到這裡還是一頭霧水，只是想先試試水溫，則可以考慮全球平衡型的指數型基金，這類金融商品是由基金經理人從日本股市、日本國內債券與海外股市、海外債券中均衡挑選所組合而成。只要選擇這一類的投資標的，就能輕鬆達到分散投資的目的。

如果非要我推薦一個投資標的給新手，我會選擇定期定額的投入全球平衡型指數型基金，並且選擇免申購手續費的產品。

定期定額投資指數型基金的優點，在於可以從非常小的金額開始，不費工也好理解，並且穩健獲取三%投資報酬率的機會也很高。

進入長期投資市場之後，我們只要依照自己設定的目標，如「我要存到〇〇萬日圓為止」或「我要存到XX歲為止」，並一步步朝向終點邁進即可。

在這段期間，市場上的景氣好壞基本上都與我們無關。只要以「非不得已、決不動用」的態度，持續穩定投入，我們擁有的資產就會逐步增值。

但是我們在這裡所推薦的指數型基金，在概念上跟短線以及槓桿（按：指經紀商撥給交易者的臨時貸款。讓交易者以較低金額進行大規模交易）的投資方式很不一樣。

我不會要你逢低買進、逢高賣出，用短期波動大賺一筆；也不會要你用外匯保證金交易制度，加大槓桿來投資，讓五十萬日圓一夕之間變成三百萬日圓。以至於這套方法對某些已經有投資經驗的人來說，可能波動幅度太過穩定，所以覺得不夠過癮。但這對於剛開始嘗試長期投資的新手們來說，我們最主要的目標在於穩健獲利、避免虧損，而這兩者在風險承受度上是完全不同的。

也就是說，指數型基金特別適合以下三種人：剛開始嘗試投資的新手、怕虧損且想盡可能規避風險的人、願意用時間換取空間，讓資產穩定增加的人。

因為指數型基金有三大優點：

● 分散風險

美國有句諺語：「不要把全部的雞蛋，放在同一個籃子裡。」如果我們把所有雞蛋放在同一個籃子裡，只要籃子被打翻，每一顆蛋將無一倖免。

套用到投資也是如此——不要把所有的資產，都壓在同一個項目上，分散投資非常重要。如果我們把手上所有資金，都拿來買進某間企業的股票，一旦這家公司陷入經營危機，導致股價暴跌或甚至因此而倒閉，那我們持有的股票便在一瞬間變成廢紙，辛苦積蓄付之一炬。

但假設我們定期定額的投入全球平衡型指數型基金，等於把我們的資金分散投資日本或國際市場的股市、債券等項目，由於股市與債市的價格是相對的，當利率調升，債券的價格就會下跌，股市則因此上漲；當利率降低時，債券的價格上漲，股市下跌，如同蹺蹺板的兩端，一邊上漲、一邊就下跌。所以若我們同時持有股票與債券，就能達到分散風險的效果。

● 定期定額投資

我會這麼重視定期定額，除了前面提到，可以從每個月一百日圓的小額開始進場，只要重新檢視家計、節約支出，就算是一點小錢，也可以毫無顧忌的開始投資；此外，還能有效的分散每一次購買的時間點，比起一口氣在某個價位買進單筆數十萬日圓，定期定額購買的價位成本較為分散，對於市場價格的波動，也會有更大的應對空間。

舉例來說，假設我們每個月投入一萬日圓，買進某檔指數型基金。第一次進場時，一萬日圓能買進一萬個單位，幾個月後，一萬個單位的基金價格上漲到一萬五千日圓，此時我們的一萬日圓只能買到六千六百六十六個單位；如果價格下跌，一萬個單位的基金跌到五千日圓，此時我們每個月的一萬日圓，就能購買到兩萬個單位的基金。

總而言之，基金上漲時，我們買進的單位數量會減少；而基金下跌時，能買進的單位數量會增加。久而久之，我們所持有基金成本會趨近穩定的價值，進而達到降低風險的效果，這在投資的領域中，被稱為平均成本法，也是定期定額最重要的優點。

●可以長期投入、持有

一般來說，短線投資人往往會為了追求投資績效的最大化，而選擇了高風險、高報酬的投資標的，因而陷入追高殺低的賭徒狀態中。

在這樣高風險的投資環境裡，即使是專業的投資人，也很難穩定掌握進出場的最佳時機，所以十賭九輸是市場常態。再加上短線操作需要時時盯盤，並承受市場波動的折磨，什麼時候要獲利了結、落袋為安？什麼時候要停損止血、重新再戰？這些決策過程，都會造成龐大的心理壓力，並不適合一般的小額投資人。

我的信念是「市場會成長循環」，我的投資策略也是根據這個信念來規畫。回顧過往歷史，全球經濟市場遭遇幾次景氣大蕭條或市場經濟的崩潰瓦解，但只要假以時日，終究會逐步恢復到繁榮發展的階段。

而長期、分散、定期定額的投資指數型基金，就是要在世界經濟成長復甦的過程中，讓資產穩健增值。

再者，過往的歷史也告訴我們，雖然現代社會面臨了高齡化、少子化，但全球人口仍處於持續增長的狀態，這樣的人口紅利支撐了世界經濟並持續成長，進而帶動消費市場與國內生產總值的上升。

長期投資的最大優點，就是之前提過的複利效益。我們透過分散、定期定額來減少風險，用長期投資來增加複利效益的威力，這就是讓資產穩健增值的奧祕。

養成有錢體質第三步

在最後一步第四個月至第六個月，即使金額再少也沒關係，開始試著投資指數型基金。

第六個月後，試著增加每月定期定額的資金。

第十二個月，確立了長期、分散、定期定額的投資狀態後，持續投資。

第五章

跟你的父母、子女、另一半談錢

在人生從三十歲邁向四十歲世代時，生活型態往往會出現顯著的改變，有些人步入婚姻，開始兩個人的生活；有些人則積極準備懷孕，迎接新生兒的到來；當然也有一些人重新整理自己的婚姻關係，可能經歷了離婚、分手或再婚等，甚至決定往後就這麼一個人生活也無妨；有些人則面對人際關係以外的問題，例如為了某些病痛而必須治療、住院，或必須提早規畫父母老後照顧的問題等。

有些事情可能在計畫之中，有的事件則在預料之外，不論結果對我們的影響是好是壞，當我們面對這些不確定的狀況時，手上總要有一些資金，才能從容面對。

大多數日本人不太喜歡討論錢，尤其是自家的財務狀況，更是社交禁忌話題，就算面對家人也難以啟齒。

正因為大家對錢或理財避而不談，所以我剛從事家計諮商時，遭遇到不少困難。明明許多人都有家計問題想諮商、尋求建議，卻沒有勇氣跨出一步，以至於我幫助這些陷於財務問題的人時，著實傷了不少腦筋。

其實，想解決財務問題，最重要的是好好面對它。如果覺得提到錢很丟臉，或認為詢問有關財務的建議很可恥，也不願意主動了解或吸收理財相關知識，這類人無論如何都無法解決家計困境。

雖然不想麻煩別人，打算自己妥善處理財務的心意，是十分難得且可貴的。但只有打開心胸，真誠面對錢與財務問題，學會與錢當好朋友，好好善用財富規畫，才能認真的面對人生，一步步朝向自己期望的生活樣貌邁進。所以認真思考財務，不但不可恥，更是我們努力且踏實生活的證明。

在本章開始前，請先撕掉自己過往對錢的負面標籤，如視財如命、一毛不拔、守財奴、吝嗇鬼等，試著用較正面的角度來看待理財。

我會從婚姻、育兒、父母安養、健康、保險、居住等人生面向，與三十歲到四十歲世代的大家一起討論，各種與財務規畫有關的理財議題。

不管結婚、單身，都很花錢

「結婚好？還是單身好？」我曾被問過類似的問題。

由於我二十三歲就結婚，婚後一共生了六個小孩，所以當我被問到這個問題時，我的答案是：「長期一個人生活，應該會有點寂寞吧。」但如果從日常花費的角度來看，肯定有另一派人是支持單身，認為獨自生活比較自由，自己賺的錢，想怎麼花就怎麼花。

以日本目前的統計資料顯示，晚婚已成為主流，而終身未婚（不婚）率更持續攀高。終身未婚率，指的是在調查區間中，年滿五十歲的男性與女性人口，沒有結過婚的占比率，根據一九九〇年代的調查數據顯示，五十歲男性中有五．六％沒結過婚，而女性則是四．三％（按：臺灣無終身未婚率之統計，僅有未婚率。二〇一七年，適婚年齡者〔二十歲至五十歲〕的未婚率，男性占五三％，女性則占四三．五％，且持續提升）。

而這個數字之後不斷的飆高，到二〇一五年時，五十歲沒結過婚的男性比例已經高達二三．四％，而女性比例也高達一四．一％。而從離婚率看起來，日本每年約有六十六萬對情侶結婚，同時也有二十二萬對夫妻離婚。所以不論是結婚、不婚、結了又離或離了又結，每一種狀況都不在少數，很難說哪一種關係較好或糟。

但以我的經驗來看，如果從經濟層面來分析，結婚對於生活開銷而言，確實是負擔比較輕鬆的選擇。

假設有一對情侶的年收入各是三百萬日圓，兩人婚後的年收入合計就會變成六百萬日圓（約新臺幣一百六十二萬元）。但生活開銷從一個人變成兩個人時，開支並不會跟著變成兩倍，以房租來說，在市中心附近租屋，單人套房的租金約七萬日圓至八萬日圓（約新臺幣一萬九千元至兩萬兩千元）；而可供兩人生活的房型，包括附客廳、飯廳、廚房等，房租則僅約十萬日圓到十二萬日圓，平均下來，房租的負擔就減少了。

其他包括伙食費、水電瓦斯以及各種生活上的流動支出也都是如此。根據日本的全國消費實態調查中顯示，三十歲獨居者的生活費用，約十六萬日圓至十七萬日圓（約新臺幣四萬元至五萬元）；而兩人同住者的生活費用，約二十四萬日圓到二十五萬日圓，即可證明。

而我認為結婚能讓經濟生活更加安定的另一個原因，是除了兩個人共同生活能讓收入增加、支出減少之外，萬一其中一方遭逢失業或轉職等收入空窗期，甚至因傷病而暫時無法工作時，至少彼此還能相互支撐對方一段時間，共同渡過難關。

換句話說，獨居生活就像單引擎飛機，狀態穩定時都不會有任何問題，但如果遇到什麼臨時狀況，有雙引擎的兩人生活，才能成為接住彼此的安全網。

結婚前，先確認用錢價值觀是否一致

前一段說的是理想狀態，但如果兩個人的收入狀況相去甚遠，在結婚後也能相互支持彼此嗎？

經我多年觀察來諮商家計的人，「錢在人情在，錢盡緣散」，這句諺語並不是空穴來風，錢確實是很大的現實影響因素。但美國曾做過一個有關婚姻的大規模調查，在調查報告中顯示，如果雙方基於經濟因素而選擇結婚，之後高機率會離婚。這表示影響婚姻存續與否的關鍵原因，錢只是其中一項，其他像是有人陪伴的安全感；與另外一個人共同生活的充實感；生養孩子所帶來的喜悅；攜手度過餘生的安心感……這些都不是金錢可以衡量的。

所以當兩個人的收入落差較大時，我建議雙方可以在婚前，多討論未來婚後家計分擔的狀況，以免價值觀的落差，影響未來的生活家計。但除了衡量彼此的財力狀況外，我也希望大家能把重點放在「兩個人在一起時，是否幸福」，雙方對婚姻有共識，才是維繫婚姻最好的方法。

如果你已經決定要獨自生活，儲蓄的重要性會大幅提升。畢竟到時候，只有錢才能幫助你應付所有突發狀況，因此為了老後生活，你要比其他選擇婚姻的人，要更加認真得看待儲蓄與理財。

以我的觀念來說，因為我們處於一個物質豐富、心靈空虛的時代，不論有多少錢，都無法取代相互陪伴與支持的伴侶，所以我會選擇婚姻。但這絕對不表示獨立生活的人比較吃虧，只要經過利弊得失的判斷、做出忠於自己的選擇，結不結婚都是好答案。

零到六歲，國家跟你一起養

我也經常碰到這類問題：「我們應該生養小孩嗎？」或「我們應該再生一個孩

子嗎？」通常會問這些問題的個案，都是對孩子未來的教育經費感到不安。

養小孩確實很花錢，從小朋友三歲進私立幼稚園讀小班開始算，即使國小、國中、高中都念公立學校，大學選文組且讀學費比較便宜的私立大學，住在家裡通勤上下學，再加上求學時上補習或才藝班等，保守估計孩子念到大學畢業，至少得花上一千兩百萬日圓（約新臺幣三百二十四萬元）。

一想到有了孩子後，得額外擠出一千兩百萬日圓的教育費，相信不論是誰，都會覺得一個頭兩個大。各位先別焦慮，育有六名子女的我，從育兒過程中體會了兩大關鍵：

- 一千兩百萬日圓並非一次準備好。
- 不是每個孩子都會花到一千兩百萬日圓。

幸好這一千兩百萬日圓的教育經費不用一次準備到位，所以我們可以把教育費用分成兩個階段：上半場（從幼稚園到高中畢業）、下半場（就讀大學之後），並以這兩個階段各準備五百萬日圓（約新臺幣一百三十五萬元）為目標，差額的兩百萬日圓，則用政府的育兒津貼來補足。

（按：臺灣政府推出「零到六歲，國家跟你一起養」，從二〇二一年八月起，育兒津貼調整為一個月補助三千五百元，二〇二二年八月起，調整為一個月補助五千元。且育兒津貼也擴大發放對象「為零歲至六歲」，見下圖。）

接著，我們可以把教育經費分成兩大類：

※本表以第1胎為例，2胎、3胎以上再加發			現在	2021年8月起	2022年8月起
津貼提高	0~未滿5歲 育兒津貼		2,500元/月	3,500元/月	5,000元/月
補助增加	0~2歲 托育補助	公共化	3,000元/月	4,000元/月	5,500元/月
		準公共	6,000元/月	7,000元/月	8,500元/月
繳費降低	2~6歲 就學 繳費上限	公立	2,500元/月	1,500元/月	1,000元/月
		非營利	3,500元/月	2,500元/月	2,000元/月
		準公共	4,500元/月	3,500元/月	3,000元/月

※低收/中低收入戶家庭0-2歲托育補助再加發，2-6歲就讀平價幼兒園「免費」。
※ 5-未滿6歲未進入公立、非營利、準公共幼兒園者，依津貼額度發給就學補助。

圖片來源：教育部全球資訊網。

- 初期費用（初期成本）：是指學費以及開學時添購各項用品所需的費用，以及其他臨時的必要支出。
- 維持費用（營運成本）：則是指每個月的文具、零用及雜費支出等，這部分可以從日常生活費中來支應。

一般來說，初期費用都是比較大額的整筆支出，多半會發生在就讀私立高中或大學時期的註冊費等。至於維持費用所涵蓋的日常臨時雜費支出等，通常金額較小，只要從日常生活費中來支應就夠了。

所以，只要用家計三分法來控制支出，就算沒有一次籌到一千萬日圓的教育費，也不會產生什麼大問題。

此外，日本還提供許多育兒津貼或有地方團體的補助金等獎勵政策，作為補貼，原則上孩子在幼兒階段，不會對家計造成沉重的負擔。

以目前的育兒津貼為例，零歲到三歲前，日本政府每個月會發放一萬五千日圓（約新臺幣四千元）；從三歲到上高中之前，每個月也有一萬日圓（約新臺幣三千元），依照小朋友出生的月分，可能會有些許差異，但如果能完整存下這些補助款，到小朋友上高中時，大約會有一百九十八萬日圓（約新臺幣五十四萬元）。從這筆費用中再扣除孩子到高中畢業前所需的初期費用，應該還會剩下約一百三十八萬日圓（約新臺幣三十七萬元）。假設念大學所需要的初期費用（註冊費）是三百萬日圓，那父母實際上所要準備的教育經費，只需一百六十二萬日圓左右（約新臺幣四十四萬元）。

這樣換算下來，從小朋友出生到十八歲念大學為止，每年只需要預存九萬日圓左右（約新臺幣兩萬三千元），等於每個月只要多準備七千五百日圓（約新臺幣兩千元），就能支應孩子到上大學之前的所有初期費用。這樣想起來，就能發現要預存孩子的教育費用，並沒有這麼困難。

補習與才藝，和孩子找到共識，才不白花錢

或許是因為日本政府大力推動免費教育制度，所以近年我幫個案做家計諮商

時，明顯感受到孩子們的教育經費支出，大幅轉移到補習或才藝班費用上，包括學程式設計、英語、游泳、舞蹈、書法、學科加強班、技能檢定考及升學補習班等。

許多孩子在放學後及週休時，幾乎被補習班與才藝課程占滿。其中更有不少課程，並非出自於孩子想學的意願，而是在小朋友或家長的同儕壓力下，例如「班上的同學都有去補習」或「只有我家小孩沒學這項才藝……」所以硬排進課表中。

但我身為過來人的經驗，教養孩子最重要的，是家長與孩子之間要有基本的共識。所以不論孩子們想學什麼、錢應該花在什麼地方，都需要討論，才能凝聚出一個基本的方向。

如果無止境的亂槍打鳥，在補習與才藝砸下鉅額，家計很難不陷入困境。畢竟有了孩子之後，不論是房租、水電瓦斯，還是伙食費等支出，都會比兩個人生活時增加三〇%左右，而這樣的支出，會一直持續到小孩離開家自立生活為止。因此，請務必把錢花在值得的地方。

在育兒路上每天都會有新發現，父母也會跟著孩子們一起成長。因為從國小、國中到高中，孩子們每天都會在外面學到新的事物，並把新的想法與觀點帶回來。

我與孩子們聊天交流時，常常感受到自己的價值觀受到衝擊，而這樣的經驗讓我覺得既新鮮又有趣。

接下來，我要跳脫理財專家的立場來建議大家，不用把教育經費想得太複雜，只要保持平常心，一切總會有辦法的。畢竟與錢相較，真正有價值的，是無可取代的育兒過程。

退休金必不夠應付開銷

人近中年，我們的生涯規畫會開始受到父母財務狀況的影響。有的父母擁有豐厚資產，還有定期的退休金收入，能在孩子人生的重要階段給予部分金援；有些父母則可能阮囊羞澀、自顧不暇，反過來會希望孩子能提供一點孝親費。但不論是哪種狀況的父母，對四十歲世代的中年人來說，父母的財務狀況是必須開始在意與關注的項目。

雖然家人之間提到錢，氣氛可能會有點緊張，尤其四十歲世代的父母，年齡普遍落在六十歲至七十歲上下，這個世代的長輩強烈的抗拒談錢，他們總覺得「談錢很丟臉」、「就算跟自己的子女，也沒必要討論這些」。

但幾乎每個人都會面臨父母老後的許多財務風險，如退休生活開支、醫療費用、安養照顧費用等，所以家人之間最好開誠布公的討論。如果只是因為難以啟齒就無視它，等於埋下一顆危險的地雷。

就一般普遍的印象，多半會覺得目前六十歲至七十歲世代長輩的退休生活，一定比年輕人來得舒適優渥。但根據統計資料顯示，有超過一半的團塊世代（按：一九四七年到一九五一年之間出生的戰後嬰兒潮），在他們老後階段都面臨了兩個危機：一是長照準備不足，以及用光積蓄，生命卻還沒走到終點。

以目前六十歲到七十歲的年齡層來說，日本最常見的家庭組成，是「先生是上班族，太太則是家庭主婦」，如果進一步分析他們的退休年金與生活費，先生平均每個月能領的退休年金約十五萬日圓、而太太每個月則拿到約六萬日圓（約新臺幣兩萬元），若合計兩人的年金收入，每個月約有二十一萬日圓至二十二萬日圓（約新臺幣五萬七千元至五萬九千元）。

但是反過來看他們的生活費用開支，以日本總務省的調查結果，六十歲夫妻的每月平均生活費，大約落在二十七萬日圓到二十八萬日圓（約新臺幣七萬三千元至七萬六千元）。

換句話說，如果這對夫妻單靠年金度日，每個月可能都會有五萬五千日圓的家計缺口。再加上現在日本國民的平均壽命已逼近九十歲，等於從退休到老後，將近三十年，換算下來，財務缺口會超過一千八百萬日圓（約新臺幣四百八十六萬元）。之前媒體報導「老後至少得存兩千萬日圓才夠用」的數字根據，就是用類似上述的估算方式所得出，也就是老年要預備用來補足生活費的所需目標。

但是前面只計算了父母老後的生活費支出，還沒有把可能需要的醫療費、安養照顧費等算進去。

根據資料顯示，日本七十五歲以上老人需要輔助照護服務，為八．八%；需要直接照護服務，則高達二三．三%。由此可以看出，一旦超過七十五歲，需要接受各種長期照護與安養照護的機率，會大幅提高，如果把醫療費用、安養照顧費用等都算進去，**活越久，越可能出現積蓄不夠用的窘境**。

（按：根據臺灣衛生福利部統計處的「一〇六年老人狀況調查」顯示，推估六十五歲以上生活上需要照顧或協助人數為九十萬七千人，其中六〇％至七〇％主要由家人照顧，外籍看護工照顧占一七．一％，機構照顧占五．八％。

（且六十五歲以上老人主要經濟來源，五五．三％為自己收入、儲蓄、退休金或國保年金；二八．四％來自配偶或子女；一五．五％來自政府救助或津貼。）

看護父母要準備多少錢？

除了準備的退休金不夠用之外，有許多長輩直到退休前，仍未準備好足夠的積蓄來面對老後生活。

他們有可能是年輕時就不重視儲蓄，也有可能是退休金比預期的還要少，甚至是房貸負擔太重、高估可領回的保險金等。因為種種預料之外的狀況，打亂了老後生活的布局。但基於身為長輩的尊嚴，他們不論狀況好壞，都不會跟孩子們主動討論，直到無計可施時，才不得不向孩子坦承實情。但這麼一來，對於三十歲到四十歲階段的人來說，或許也有自己的房貸要繳、有孩子的教育經費要準備，如果還要同時扛起父母的負擔，家計馬上就會出現危機。

為了讓我們能預先評估未來家計可能會出現的狀況，大家認為，照護父母需要準備多少錢？

根據日本生命保險文化中心「二〇一八年關於人壽保險的全國實態調查」顯示，一般居家安養照護所需要的初期費用，平均約須六十九萬日圓（約新臺幣十八萬六千元），而之後每個月的維持費用，則平均約須七萬八千日圓（約新臺幣兩萬一千元）。

初期費用的開銷包括：把自家住宅空間裝修成適合長輩安養的無障礙環境、購置居家醫療設施，例如：輪椅、照護床等。其他還有包括生活費、相關照護開支等維持費用，若以平均安養照護期間五十九個月（約五年）來計算，整體費用加總起來約須五百三十萬日圓（約新臺幣一百四十三萬元）（按：臺灣居家看護費用見下頁圖）。

當然，日後的醫療費用，與須照護程度提高後所產生的額外支出，也要先評估

<table>
<tr><td rowspan="4">一次性支出
（約 50,000 ～ 90,000 元）</td><td>輪椅</td><td colspan="2">3,000 ～ 15,000 元</td></tr>
<tr><td>電動床</td><td colspan="2">20,000 ～ 50,000 元</td></tr>
<tr><td>氣墊</td><td colspan="2">12,000 元</td></tr>
<tr><td>特殊衛浴設備</td><td colspan="2">15,000 元</td></tr>
<tr><td rowspan="4">長期性
每月支出
（約 30,000 ～ 80,000 元／月）</td><td rowspan="2">居家式</td><td>自行照護</td><td>15,000 ～ 30,000 元／月
（包含水電費及日常開銷）</td></tr>
<tr><td>專人照護</td><td>白天：30,000 ～ 40,000 元／月
全天候 24 小時：
60,000 ～ 70,000 元／月（臺籍）</td></tr>
<tr><td>社區式</td><td colspan="2">日間照護 15,000 ～ 18,000 元／月
（不含交通費、特殊器材、家人照顧成本）</td></tr>
<tr><td>機構式</td><td colspan="2">立案療養院：25,000 元／月
未立案療養院：12,000 ～ 30,000 元／月
護理之家：37,000 ～ 55,000 元／月</td></tr>
</table>

資料來源：保險事業發展中心。以上費用僅為概括，評估時仍須以實際費用支出為準。

進去，總共需要約八百萬日圓左右。這還只是居家安養的經費概算，如果想讓長輩們住進安養中心等機構，費用會更高。

基本上，這筆安養照護的費用，應該要由父母自己的積蓄來支應，但孩子們想幫爸媽分擔家計也是人之常情，不過千萬要量力而為，如果因此讓自己的家計也陷入困境，反而得不償失。

可以先跟兄弟姊妹們一起討論，包括每個月七萬八千日圓的維持費用應該怎麼分配，照護爸媽的時間又要怎麼輪流安排。不要把所有照顧的責任與重擔都壓在某個家庭成員身上，例如「因為你是長男，所以要全權負責」等，也要避免家人之間因為照顧父母而失和。

照護父母要有限度，別把自己賠進去

前陣子有人向我諮商家計，他曾任職於一家十分知名的電子企業，但後來為了照顧媽媽而離職，兩年後媽媽離世，當他想重回職場時，卻只能找到大卡車司機之類的工作。這與他之前在電子產業相比，不僅月薪少了很多，如果再加上之前累積的年資、獎金與企業所提撥的退休金等福利，可說是相差數千萬日圓以上。

當然，為了負擔起照顧父母的責任而選擇離職，這份孝心十分值得尊敬與嘉許。但不能否認的是，我們在三十多歲、四十歲時離開職場，等照顧父母的責任結束後，想重新返回職場時，已經不那麼容易了。

即使最後還能再度順利就業，但有許多人的薪資待遇，比起離開職場前要低得許多。所以站在家計諮商顧問的立場，我還是會建議：不要為了照顧父母而離職，因為這等於毀掉了自己的職涯規畫。

根據日本長照保險制度的研究資料統計，日本國民在老年後，能完全不使用任何長照保險服務，並安享天年的僅約二〇％。其餘有高達八〇％老年民眾，在某個時間點之後，都會需要居家或機構所提供的長期照護服務。

長照服務與一般的生病住院不同，它不是一筆暫時性的臨時開支，而是從使用長照服務開始，就必須持續支付，也就是說，從長照階段開始經過一段時間，維持費用就會比初期費用要來得高出許多。

因此當面臨父母需要長期照護時，照顧成本逐漸變得沉重，任誰都無法一肩扛起來經濟、家務與照顧的重擔，所以更應該召集全家一起討論，包括財務分擔、家務分擔與照顧分擔等責任。必要時，甚至可以勻出一些費用，把照護工作委託給專業的人，或委請其他家人來協助，這都是可以考慮的選項。

當我們面對父母老後照顧的問題時，已經遠遠超過一般家計可處理的狀態，記得千萬不要因為著急，而影響自己的判斷力。可以平常就留意相關的資訊、尋求社區支援的協助、與專業人士討論等，有越多的準備，心裡就會越踏實。

如果生病了，健保有用嗎？還需要另外保險嗎？

不同人生階段總會有不同的人生課題，就像人在二十多歲時，身邊同年齡的人，會不約而同開始考慮結婚的事；等到四十多歲時，大家所關心的，就是各種與健康或養生有關的話題了。例如某人去動了什麼手術、哪個朋友因為有些緣故住院。曾經那些以為距離自己還很遙遠的健康問題，竟然轉眼就在眼前發生。而且不是只要看耳鼻喉科、或領過敏藥就能解決的小事，而是一發生就動輒數十、數百萬醫療開銷的大毛病。

為了應付健康方面的不時之需，我們究竟要準備多少醫療費用才夠用？

根據日本厚生勞動省「健康保險」（公辦醫療保險制度）的實際給付統計數據指出，有關日本男性與女性醫療費用（包括各類傷病）的給付，大致統計如下：

男性接受住院治療的主要疾病中，腦中風、胃癌、大腸癌、肺癌等，平均治療費用約為六十萬日圓（約新臺幣十六萬兩千元）；重度骨折則需五十萬日圓（約新臺幣十三萬五千元）；糖尿病、高血壓及憂鬱症等疾病，約需花費四十萬日圓；攝護腺肥大症則需要三十萬日圓（約新臺幣八萬元）左右。

女性的狀況與男性約略相同，但因為有部分疾病屬於婦科類，例如子宮癌症的治療費用約須六十萬日圓；乳癌約須五十萬日圓；其他有關懷孕與胎兒發育不良等住院症，其醫療費用則約為八十萬日圓左右。

上面所說的這些住院與醫療費用，是指全額自付，而民眾如果有加入日本政府所開辦的健康保險，自身實際只須負擔三〇%費用即可。

（按：在臺灣，醫療費用包括住院病房、治療方式、藥物〔藥品及特材〕，其中住院醫療按病房別〔急性、慢性〕及住院天數，患者須自行負擔五%至三〇%，見下表。此外，重大傷病者可向臺灣健保申請給付，包括癌症、中風、洗腎、先天糖尿病、器官移植、白血症等，即可免除「因重大傷病而產生的醫療費」中「健保申報項目中自行負擔部分」。）

在前文，我說日本的住院醫療費用，除了一般健保的給付之外，超額的部分，可以申請高額療養費制度。所以就算不幸發生病痛需要住院治療，使醫療費用高達上百萬元，只要在健保適用的醫療範圍內，善用高額療養費制度，就不用承擔鉅額醫藥費。

所以一般民眾在面對大部分的傷病時，只要有基本的儲蓄，大多都負擔得起。

■ 臺灣住院部分負擔概況

病房別	部分負擔比率			
	5%	10%	20%	30%
急性病房	---	30 日內	31 ～ 60 日	61 日以後
慢性病房	30 日內	31 ～ 90 日	91 ～ 180 日	181 日以後

但基於這個推論，可能有人心中會浮現一個疑問：

「如果，現在我手上已經有一張每個月要繳數萬日圓保費、且繳費期間長達數十年的保單，這張保單不管怎麼算，要繳的金額累加起來都快超過一千萬日圓，幾乎可以拿來買一部豪華轎車。

「我聽保險業務員說：『這是儲蓄型保單，除了提供突發狀況的保障之外，還可以幫你累積資產，繳出去的每一分錢都不會浪費。』於是我毫不考慮的簽下合約。但現在想想，這些額外的保單內容，真的符合我的需求嗎？既然已經有健保及高額療養費等制度，幫忙解決大部分的醫療風險了，我還需要另外投保其他的保險或壽險嗎？」

老實說，有不少家庭的家計狀況，就是因為這張號稱有「儲蓄」功能的保單，而造成極大的負擔。

一般來說，人身保險大致有三種功能：醫療保障、死亡給付以及儲蓄。

在以前儲蓄利率還不錯的年代，不論是教育金保險、養老保險或是個人年金保險等，只要投保滿一定期間，都能有不錯的投資報酬率。但是因應目前超低利率時代來臨，再考量通貨膨脹風險後，其實保險的儲蓄功能已經逐漸失去優勢，許多具有儲蓄功能的壽險（也就是儲蓄險）保單，不論投入多少錢，所獲得的報酬都很有限，已經稱不上是值得投資的商品。

因此保險的功能與好處，也只剩下醫療保障與死亡給付：

- 醫療保障：被保險人在保單有效的期間內，因受傷或生病，而必須住院或動手術時，保險公司會針對投保人所投保的金額與內容，給予相對應於醫療費用的理賠金。有些甚至還可以補貼被保險人因傷病中斷收入所造成的損失。
- 死亡給付：指當被保險人死亡時，保險公司會給付一筆壽險理賠金給受益人（家屬），用以支付相關喪葬費用，或協助受益人的家計狀況，不會因為被保險人的死亡而陷入困境。

這兩種功能，也是保險業務員用來推銷我們購買保單的主要誘因，他們總說：「保險就像護身符一樣，有買有保障。」但只要冷靜看待保險的內容，就會知道保險除了醫療與死亡給付之外，在其他功能上，所能提供的保障幫助十分有限。

經過分析之後，或許有人會認為：「既然如此，就不用投保其他保險了吧？」尤其是身體健康、幾乎不曾住過院的人，更覺得：「反正有健保跟有高額療養費制度，就算有什麼狀況，只要十萬日圓左右都能負擔。另外再投保其他保險，豈不是顯得很多餘？」

嚴格來說，會有這種想法也無可厚非，畢竟日本的高額療養費制度，確實幫日本人民承擔了醫療與住院費用的超額風險。

只要每個月累計支出的醫療費用，超過自付額的級距上限，就能申請補貼；且若一年內有四個月以上，都超過自付額的級距上限，這個自付額的級距上限甚至還可以調降到四萬四千日圓，進一步減輕投保人的長期醫療負擔。

至於另外投保人身保險，也絕不能說是多餘。畢竟我們在因住院治療而無法工作、中斷收入的期間，雖然可能有傷病津貼的補助，但總是杯水車薪，比不上平常工作的收入，如果這時有保單提供的理賠給付，多少能覺得安心；例如，我們在長期住院、或是住院後身體虛弱的恢復期間，如果能獲得一筆保險公司依照住院天數所給付的理賠金，不僅實質上能幫助家計，也讓我們不會因為長期住院而心慌。

有些保單的內容，還可以在醫療事件的發生當下，先給付一筆應急費用，之後還有一天數千日圓到數萬日圓的住院理賠金，這些給付對家計而言都不無小補。

但回過頭說，如果我們在儲蓄用帳戶內，已經預先準備好三百萬日圓、五百萬日圓，甚至是一千萬日圓，能供我們自由運用的預備金，那要不要另外投保其他的醫療保險，其實對我們的影響並不太大。

假設，某位在知名企業任職的三十七歲男性，其投保非儲蓄型醫療險的內容為：手術時，可先支領一筆十萬日圓的理賠金；後續住院，每日可獲得五千日圓的住院補助，但每個月要繳的保險費約為兩千兩百日圓（約新臺幣六百元），又因不是儲蓄型保單，所以期滿不能領回。

接下來，若以日本男性的平均壽命八十四歲來計算，他從三十七歲投保到八十四歲死亡為止，持續繳納了四十七年、共計一百二十四萬日圓（約新臺幣三十三萬五千元）的保費。如果這段期間他沒有開刀，也從未住院，這筆保費等於是完全丟進水裡；但如果要用「有保險就有保障」的想法來投保，換算這已經繳掉的一百二十四萬日圓，到底要開幾次刀、住院幾次才能夠回本呢？

總之，額外投保醫療保險與否，會因為我們個人的價值觀與家計風險的承受狀況，而得出不同的答案。畢竟保險公司也是營利事業，讓我們用保費支出換得安心，就算為此得付出一些財務損失的代價，也是權衡下的結果。

規畫符合自己需求的醫療保險

進一步來探討醫療保險的內容。

我們可以發現，隨著醫學科技與醫療技術的日新月異，近年來民眾因為傷病接受住院治療的天數，已經有逐漸縮短的趨勢，甚至連癌症手術等，可能也只需要在醫院住幾天，就能出院。但是出院不代表康復或痊癒，而是指後續整個治療過程，很可能會長達一整年，病患也可能需要定期回診或檢查，才能確定病情穩定與否。

在這段漫長的療程中，難免會影響到一般全職性的工作，此時如果自己投保的醫療保險，能在支付的保費與獲得的保障上取得平衡，且還能給付每次回診的交通與醫藥費用，醫療保險就能成為家計的支柱；但如果付出的保費與提供的保障不成比例，那其醫療保險內容，就會變成家計的負擔，所以在投保前一定要冷靜評估。

以我自己為例，因為我有一些慢性的宿疾，所以幾乎無法投保一般坊間的醫療保險，但我有針對自己的特別需求，向保險公司投保了特製的醫療保單，內容針對療程較長、且在日本致死率最高的三大疾病：癌症（惡性腫瘤）、心血管及腦血管疾患來規畫。

以癌症來說，只要一確診罹患癌症，保險公司就會每個月給付六十萬日圓的理賠金，供投保人作為放射線治療、激素藥物治療或抗癌劑等，治療所須的醫療費用。並且在保單合約中，我還特別增訂先進治療技術的理賠條款，萬一到時候要用到效果較好的質子放射治療（proton beam therapy）或重粒子放射治療（Heavy Ion Radiotherapy）等先進科技，在沒有保險理賠的情況下，這些可都是要自費的，如質子放射治療的費用約要兩百七十萬日圓（約新臺幣七十三萬元），而重粒子放射治療的費用，更高達三百零九萬日圓（約新臺幣八十三萬元）。

雖然因此得繳付更高的保險費用，但一來我家裡的人口數較多，需要足夠的保險金來支撐意外發生後的生活；二來，如果真有什麼萬一發生在自己身上，為了可以繼續享受人生，我還是希望能積極的接受治療，不用因為高昂的醫療費用而放棄治療。或許有人可以看得很開，覺得「萬一生病，也不用特別去治療」，但畢竟我無法這麼豁達，所以在理性評估之後，選擇了盡可能彌補風險的方法。

三種情況，不用考慮投保壽險

至於保單內容，要不要包含死亡給付，則看個人的家庭結構而定。如果家裡育有年幼的子女，那麼，死亡給付是家中主要經濟來源者給予親人的一份保障，特別是平常沒什麼存款的家庭，如果遭遇不幸事故，至少家人還能立即獲得理賠，避免出現經濟中斷的危機。

例如，某人投保了一千萬日圓的壽險，但家中的存款帳戶裡只有一萬日圓，當他不幸離開時，家人就能馬上獲得一千萬日圓的理賠金；但如果要讓家人靠自己從一萬日圓開始存到一千萬日圓，恐怕得需要漫長的時間。所以日本俗諺說：「存錢

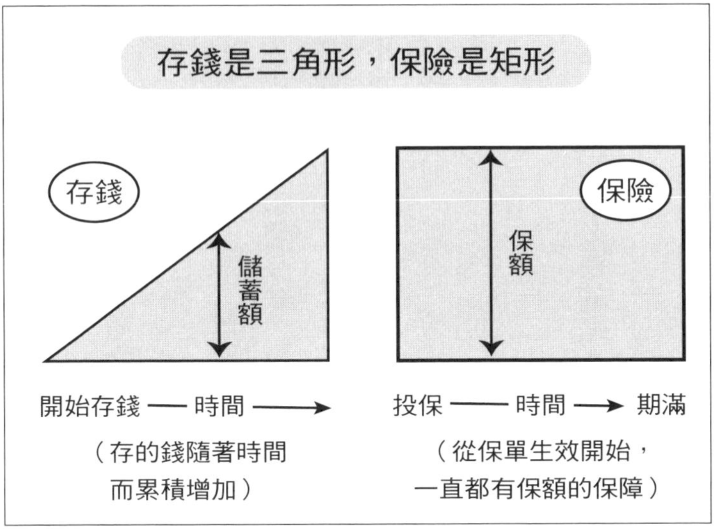

是三角形，保險是矩形」（見上方圖），正是因為保險應對風險的特色：在於立即生效、立刻發揮作用，不用經過長時間的累積。也正基於壽險具有這樣的特色，所以在評估投保時，為了支應家中遇到風險時，如果尚有未成年獨立的孩子，可以準備約兩千萬日圓到三千萬日圓（約新臺幣八百一十萬元）保額的壽險保障，以支應他們未來生活所需。

反過來說，如果家庭結構屬於以下的狀況，保單幾乎是不用考慮死亡給付：

- 小孩已長大成年、獨立生活。
- 沒有孩子的小家庭，夫妻兩人都有穩定收入。
- 獨自生活，沒有額外需要照顧的對象或家人。

此外，如果有加入政府的年金保險制度，並正常繳納年金，在當事人去世後，家人也能領取遺屬年金，以暫時支撐困難時刻。所以在規畫保險時，可以先確認自己遺屬年金的狀況，這樣在投保壽險時，只要補足年金保險制度與所需儲蓄額之間的不足即可，合理選擇適合自己的保額與每個月要支付的保費。

無論如何，請再次檢視自己的保單契約，確認有沒有加保了多餘的項目，或確定那些對於自己或家庭而言，特別重要的保險項目，保單是不是都已經有涵蓋了。

工作失能險是必要的嗎？

有些人可能會聽過工作失能險，尤其是保險業務員在介紹這類保單時，常常會說，只要保了工作失能險，萬一因為生病或受傷而無法工作時，這類型的保單就能支應沒有工作收入時的經濟缺口，不用一邊擔心醫藥費，一邊煩惱沒有收入。確實，工作失能險的設計，正是為了讓被保險人（也就是家中主要的經濟來源）在身體出狀況、因為傷病住院，或需要長期在家療養時，可以透過保單每個月給付的理賠金，減輕對家計的衝擊與影響。

還有另一種與工作失能險類似的，稱為所得補償保險。這兩種保單的不同，主要在於工作失能險是由人壽保險公司所提供販售的；而所得補償保險，則是屬於產險公司的商品範圍。

雖然說這兩種保單，都是針對被保險人因傷病而無法工作的情況，但工作失能險的理賠，是以投保的保額作為給付標準；而所得補償保險的理賠，則是以被保險人的實際年收入，來決定要補償多少。

至於哪一種保單比較好，這種要評估的是：當自己無法工作、中斷收入時，會出現多大的家計缺口來決定。

在一般企業幫員工所投保的健康保險中，也有傷病給付的項目，針對因傷病而無法工作的狀況，給付投保薪資的三分之二左右，最長領取時間可達一年半，以免員工在沒有收入時，家計陷入困難。而這種理賠方式，在我們考量是否投保工作失能險時，可以加以評估（按：臺灣勞保有傷病給付，見下頁圖）。

以現在市面上的工作失能險來說，有許多保單內容都另外附加長期身障或失能期間，接受看顧照護等需求的理賠。而且工作失能險多半都能附加在一般的壽險保單上，在我們整體規畫家庭的保險計畫時，可以一併考慮看看。

至於產險公司所提供的所得補償保險，因為與一般企業保險所提供的傷病給付很類似，所以如果不是自由工作者或自營業者，則沒有必要特別投保。

我該買房還是租屋？兩個答案都對

有關房子究竟要買還是租，這個問題總是爭論不休，始終沒有正確答案。

如果是財經雜誌、不動產或買賣仲介的網路及媒體平臺、甚至是專門經營房貸的金融機構，基本上都會鼓吹住者有其屋，買房比較好。

臺灣勞保傷病給付概況

■ 普通傷病給付

請領資格	給付金額
因普通傷害或普通疾病而住院，因不能工作，以致未能取得原有薪資，正在治療中者。 自住院不能工作之第 4 日起發給，得請領普通傷病補助費，門診或在家療養期間均不在給付範圍。	當月起前 6 個月平均月投保薪資 x50% 勞保年資＜ 1 年，最多發 6 個月 勞保年資＞ 1 年，最多給付 1 年

■ 職災傷病給付

請領資格	給付金額
因執行職務而致傷害或職業病不能工作，以致未能取得原有薪資，正在治療中者。 自不能工作之第 4 日起，得請領職業傷病補償費。	自不能工作之第 4 日起發給。每半個月給付 1 次。 第一年：前 6 個月平均月投保薪資 x70% 第二年：前 6 個月平均月投保薪資 x50% 不論年資，最多給付 2 年。

這是因為不動產交易背後有一個極為龐大的產業鏈，他們的成長獲利，都建立在不動產及房市的交易熱絡與發展上。他們可以利用一些個案的狀況，例如，在東京23區的範圍內，找一個租金比行情高的物件，比較一個房貸條件（包括貸款額度、貸款年限、還款利息）超級優惠的物件，想盡辦法說服我們，租不如買。

但因情境不同，所以比較租屋跟買房，其實沒有太大的意義。因為租屋的好處在於自由與靈活，當我們想要搬家時，只要先找好下一個住處，不用花太高的成本，很容易達成目標，這種方便與自由度，是無法用金錢來衡量的。

但買房則是犧牲自由度，來換取安身立命的安心感。畢竟對大部分的人來說，擁有一間房子，可以說是人生中所購買的最高價商品，為了它，我們每個月繳房貸，就是要圓一個買房的夢，除非不得已，否則絕對不願意輕易的把房子賣掉或租給別人，而這種穩定感，也不是金錢可以衡量的。

總之，無論是買房或租屋，只要能配合你的生活方式與價值觀，沒有好壞，都是正確的選擇。

如果要用花費的高低來計算，除非你的房子是從爸媽身上繼承而來，不然把買房或租屋一輩子的金額全部統計起來，差異其實不大。

因為買房要付房貸、利息、稅金、維修費等；租屋則要支付每個月的租金，而且日本還有兩年要付一次的租屋契約更新費（按：在日本當房屋的租約期滿時，如果房客想繼續承租，通常需要支付給房東一筆租屋契約更新費〔大約為〇・五個月至一・五個月的房租〕以表示續約），這些支出累加起來，很有可能會得出一個相去不遠的數字。

買房與租屋的優缺點

接下來，我會簡單列出買房與租屋的優缺點，供大家參考：

買房的優點

- 每個月所支付的房屋貸款，能累積成未來的資產。
- 房屋可以依造自己的想法來規畫與設計。

- 可以隨意翻修或裝修。
- 繳清房貸後，正常狀況下維護房子的修繕成本有限。

買房的缺點

- 初期需要準備一大筆頭期款。
- 需要負擔固定資產稅（按：類似臺灣的房屋稅與地價稅等）。
- 遇到突如其來的改變（例如收入或家庭結構等），很難靈活應對。

租屋的優點

- 搬家難度低，隨時都能重新選擇居住的區域與房屋的建物類型。
- 遇到突如其來的改變（例如收入或家庭結構等），可靈活應對。
- 比起買房，初期所需的成本較低。
- 不用負擔稅金與房屋修繕等費用。
- 當存款增加時，隨時想要買房都不麻煩。

租屋的缺點

- 每個月所支付的房租，不會變成自己未來的資產。
- 日本租屋市場的房型多為提供單身或小家庭，較多成員的家庭結構，可能需要選擇較昂貴的出租物件。
- 當老後退休或失去穩定收入時，可能會很難租到房子。

哪些人要買房？哪些人得租屋？

較適合買房的人：

1. 原本就夢想要買房。
2. 對老後生活感到不安，想要有房子作為保障。
3. 家庭結構與成員都很固定，想生活在特定地區。

既然原本就想買房、想擁有自己的房子，那選擇買房就沒什麼好說的。在以往的主流價值觀中，大家都會把擁有自己的房子，當成是成家立業重要的指標，雖然現代擁有買房夢的人逐漸減少，但還是有一定比例的人夢想能住在自己的房子裡。

如果你努力工作的動力來源就是買房、養房，那麼就以此為目標，來妥善規畫家計。另外，就算不是以投資買賣、高價脫手為買房的出發點，在挑選物件時，還是要慎選地段，例如，交通便利或有人流的地方，幫自己預留一點好出租、好出售的空間。

較適合租屋的人：

1. 對買房沒有特別的憧憬。
2. 家庭結構與成員可能會出現變化，例如結婚、生小孩等。
3. 可能會因為換工作或獨立創業，而讓收入狀況變得不穩定。

租屋的好處就是靈活，不論生活狀況出現什麼改變，都能依照改變的方向，靈活選擇租屋地點或建物房型。

舉例來說，來找我諮商家計的人中，有一對夫婦十分熱愛登山。他們因任職於外商企業，所以在市中心的精華區租屋，以便全心投入工作。但今年他們的小孩剛滿一歲，夫妻倆為了有更多時間陪伴孩子，所以都請了育嬰假。

雖然收入因此大幅度的減少，但他們也移居到靠近大自然的郊區，不僅租金便宜，也能享受育兒樂趣。這對夫妻還說，等育嬰假結束後，會回到原本任職的外商公司，屆時再搬回市中心。

在確立家庭結構與生活方式前，購屋務必注意

最後，我用個人的失敗經驗，來提醒大家在買房或租屋前，可以多方思考。

當我以理財規畫師的身分創業後，因為平常生活的範圍都在札幌，所以就在札幌買了房子。當時我二十七歲，包括妻子及三個小孩，我買的房子足夠一家起居使

用。但是後來小孩增加到六個，我的工作重心也轉往東京，一家人的生活型態等於面臨巨大改變。

由於短時間內不會回到札幌；原本的房子空間太小，不夠一家八口生活，所以我只能選擇把札幌的房子賣掉。又因為我在房地產慘跌的時候賣屋，我最後把這段居住期間的頭期款、每個月的房貸都加總起來，再加上賣屋所得，竟然等於支付了每個月二十萬日圓的高昂房租，這遠遠高出札幌一般租屋的行情。

有許多三十歲後半世代的人們，考慮到買房的貸款年數可能都是三十年、三十五年以上，因此焦慮的想要快點決定。但我要特別提醒一聲，在買房時千萬要留意買房的時機，才不會得不償失。

第六章

財富自由，
現在就要開始規畫

你曾想像過自己退休後的生活嗎？會住在哪種房子裡？生活品質又如何？到時候的家計狀況是好是壞？

在各種媒體資訊與數據的轟炸下，我們只要想到六十歲到六十五歲以後的退休生活，都會聯想到退休金縮水、年金堪慮等，讓人很難樂觀看待未來。除此之外，我們對未來感到不安，還有另一個原因，是我們不了解老後生活。

從年輕開始準備幸福的老後生活

接下來，我會在本章詳細說明各種與退休生活有關的主題，例如年金、退休金、老後生活的工作安排等，藉此幫助大家消除恐懼。

首先是養老金。當我們屆滿退休年齡時，就會從職場上退下來，而這時候手邊僅有的，就是過去幾十年辛苦工作所存下的積蓄。而且因為退休後不再有主要收入，所以這筆積蓄就是用來支撐我們老後生活的養老金。

不論這筆養老金的數額有多少，在正常情況下都只會減少、不會增加，所以隨著養老金水位的逐年下降，我們要更謹慎且有計畫性的開源節流，以減緩養老金水位的下降速度。

當我們年滿六十五歲時，就能依照自己在職期間所投保的年資與投保金額，開始按月領取年金與退休金給付，如果能用年金收入來支付主要的生活開銷，多少算是不無小補。

再者，以目前的社會趨勢，有不少人會透過政府所推行的再僱用制度、打工，或經營副業等方式重回職場，加減賺一些收入來填補開銷缺口、減少動用儲蓄，延長養老金可支撐的時間。

總而言之，想要預先規畫老後退休生活，最重要的就是在還沒退休前，先做好功課、累積資源。

做好功課，是要先了解各項跟退休有關的制度，包括退休金、年金等，並且觀察社會趨勢、參考統計數據，作為自己規畫老後生活的依據；而累積資源，則是要儲備自己的知識技能、累積資產與積蓄。並雙管齊下，幫助老後生活順利運轉，進而減少焦慮。

面對高齡時代的來臨，如果希望自己能維持良好的生活品質、安心終老，那在我們三十歲、四十歲階段，必須有意識的為老後生活做準備，提前做好功課、累積資源，如此一來，就能為自己安排理想的退休生涯，做自己想做的事，不再為五斗米折腰。

退休後可以領到多少年金？

「大家都說年金制度有危機，等我們這代要退休時，還能領到年金嗎？」有許多三十歲、四十歲世代的人找我諮商家計時，不約而同的問到這個問題。

就我自己的看法來說：雖然當我們退休時，可能不像上一輩領到優渥的年金，但完全領不到的機率其實並不高。儘管少子化與高齡化的情況持續惡化，加上日本邁向超高齡社會，這些都會導致未來政府支付年金的條件，很有可能比現在還要差，但如果年金制度崩壞，就代表日本經濟也瀕臨崩盤。

如果用這麼極端的方式來擔憂未來，甚至因為擔心領不到，而從現在拒絕每個月提撥年金，這形同拋棄對自己退休生活的責任與義務，不僅做法消極，對退休後的家計來說，也不是很恰當。

我之所以對年金制度保持樂觀態度，是因為日本的厚生勞動省，每隔五年就會重新檢討日本年金制度的健全與否，並以「是否能維持一百年的制度運作」為目標，進而提出改善對策，確保年金制度能永續。

再者，如果以理財商品的角度來看國民年金或厚生年金，其實都是投資報酬率很不錯的投資標的。所以不管是基於國民的責任，或是基於預備六十五歲退休後的生活，我覺得年滿二十歲後，應該要持續提撥繳納年金。

在日本，人們每年在自己生日的月分，都會收到政府寄來的一張「年金定期對帳單」，裡面記載了與年金相關的所有資訊，可用來確認能領多少年金。

（按：臺灣沒有年金定期對帳單。查詢勞工退休金的方法見二二六頁、二二七頁；國民年金計算方式，見二二八頁；勞保與勞退計算方式，見二二九頁。或上勞保局網站查詢。）

■ 臺灣勞工退休金個人專戶查詢方法

1	**以自然人憑證或健保卡號＋戶號上勞保局網站查詢**	**● 使用自然人憑證：** 勞工必須先親自向戶政單位申請發給自然人憑證並備有讀卡機。 進入勞保局網站，在「線上申辦」項下，點選 e 化服務系統（需自然人憑證）／個人申報及查詢，進入勞保局 e 化服務系統，以自然人憑證驗證身分後，點選「查詢作業」／「勞工退休金個人專戶資料」，即可查詢。 **● 健保卡卡號＋戶號（免插卡）登入：** 進入勞保局網站，在「線上申辦」項下，點選 e 化服務系統／個人申報及查詢，進入勞工保險局 e 化服務系統登入頁面，選擇以健保卡＋戶號登入，輸入身分證號、健保卡卡號、姓名、出生日期及圖形驗證碼後登入。 登入資訊驗證成功後頁面將導至「我的 E 政府」網站，請依頁面指示輸入戶口名簿戶號，驗證成功後將自動導入個人網路申報及查詢作業頁面，再點選「查詢作業」／「勞工退休金個人專戶資料」即可查詢、列印。
2	**臨櫃查詢**	勞工親自攜帶國民身分證正本或其他可辨識身分證明文件正本（如駕照、健保卡、護照、居留證），至勞保局總局或各地辦事處辦理，由勞保局人員列印其勞工退休金個人專戶資料。

接下頁

3	**以勞動保障卡查詢**	勞工須親自向勞保局委託之五家金融機構（土地銀行、玉山銀行、台北富邦銀行、台新銀行、第一銀行）申請勞動保障卡。接著持該卡至發卡銀行的自動櫃員機即可查詢、列印最近六筆個人專戶明細及累計提繳金額、累計運用收益金額，或連結發卡銀行的網路 ATM，通過身分認證後進入勞保局網站 e 化服務系統，查詢勞退個人專戶資料。
4	**以郵政金融卡查詢**	持有中華郵政金融卡之勞工，由本人攜帶身分證、儲金簿、原留印鑑以及金融卡（含晶片金融卡或 VISA 金融卡）到各地郵局辦理並簽署勞保局資料查詢服務同意書，申請手續為三個工作天，之後就可在郵局自動櫃員機查詢、列印最近六筆個人專戶明細及累計提繳金額、累計運用收益金額。
5	**個人智慧型手機、平板電腦 App 查詢**	進入勞保局行動服務 App，即可查詢勞工退休金個人專戶資料。須先完成行動裝置認證，步驟如下： 1. 用電腦使用自然人憑證或健保卡卡號＋戶號登入勞保局 e 化服務系統「行動服務帳號作業」，依序操作建立帳號、啟用帳號、產生裝置認證碼，取得 QR-Code 及裝置認證碼。 2. 在智慧型手機或平板電腦下載勞保局行動服務App，開啟行動服務App「認證裝置」功能，利用「讀取QR-Code」或「輸入裝置認證碼」完成行動裝置認證。

資料來源：勞動部勞工保險局。

■ 臺灣國民年金定義與計算方式

定義：	● 老年年金給付
為強制性的社會保險。 主要納保對象是年滿 25 歲、未滿 65 歲，在國內設有戶籍，且沒有參加勞保、農保、公教保、軍保的國民。 國民年金提供老年年金、身心障礙年金、遺屬年金等，三大年金給付保障，及生育給付、喪葬給付等兩種一次性給付保障。 被保險人只要按時繳納保險費，在生育、遭遇重度以上身心障礙或死亡事故，以及年滿 65 歲時，可依規定請領相關年金給付或一次性給付，以保障本人或其遺屬的基本經濟生活。	計算方式有兩種，如下： A 式＝（月投保金額 × 保險年資 ×0.65%）+ 3,772 元 B 式＝ 月投保金額 × 保險年資 ×1.3% 如果沒有不得選擇 A 式的情況，則 A、B 式經計算後，擇優計給。 **● 身心障礙年金給付** 月給付金額＝ 月投保金額 × 保險年資 ×1.3% 如計算所得金額不足 5,065 元，按月發給基本保障 5,065 元至死亡為止。 若有欠繳保險費不計入保險年資，或正在領取相關社會福利津貼，則不能領取。 **● 遺屬年金給付** 依被保險人死亡時點，有不同給付計算標準： **1. 被保險人在保險有效期間死亡：** 按被保險人的保險年資，依公式「月投保金額 × 保險年資 ×1.3%」發給。 **2. 領取身心障礙（基本保證）年金或老年年金給付期間死亡：** 按原先在領的身心障礙（基本保證）年金或老年年金給付半數發給。 **3. 年滿 65 歲，但未及請領老年年金給付前死亡：** 按被保險人的保險年資，依公式「月投保金額 × 保險年資 ×1.3% ×50%」發給。

資料來源：勞動部勞工保險局。

■ 臺灣勞保與勞退定義與計算方式

勞工保險（老年年金）	簡稱勞保，是勞工由公司加保，並每個月繳納保險費，來獲得保險服務，其提供的保障包含：生育、傷病、失能、老年、死亡、失蹤、職災醫療、預防職業病健康檢查等八項，是一種強制雇主應為勞工加保的制度。其收費的比例為：勞工自費 20%、雇主 70%、政府 10%。 民國 50 年後出生的人，等到 65 歲才能領，民國 50 年之前出生的人，可以稍微提早領，但也是介於 60~ 65 歲之間。 勞保也有提前或延後請領的機制，每提前請領一年，年金會減少 4%；延後請領一年，年金增加 4%，最多提前或延後 5 年 ● **工作未滿 15 年：必須一次領出，稱為「老年一次金」。** 計算公式：平均月投保薪資級距 × 年資。 ● **勞保 + 國民年金繳超過 15 年：可以每月領出。** 計算公式（勞保局擇優給付）： 1. 平均月投保薪資 × 年資 ×0.775% +3,000 元。 2. 平均月投保薪資 × 年資 ×1.55%。
勞工退休金	簡稱勞退，勞基法規定雇主需保障勞工退休時，可獲得一筆退休金，勞退新制是以「個人退休金專戶」為主的制度，雇主為勞工按月提繳不低於其每月工資 6%的勞工退休金，而勞工個人可自行提撥 0 ～ 6%到帳戶，只是要等到退休時才能領出。 勞退要等到 60 歲才能開始領。 ● 工作未滿 15 年：必須一次領出，不能提早領、月領。 ● 工作滿 15 年：可以一次領出或每月領出。

資料來源：勞動部勞工保險局。

年金保險制度的保障範圍，不只在退休後

雖然說參加國民年金保險是日本成年公民應盡的義務，但根據日本厚生勞動省的統計數據顯示，直到二〇一七年為止，全日本國民年金保險的繳費率僅為六六．三%，也就是有將近三成多的人沒有參加國民年金保險。

有些人可能認為，退休以後，靠存款過日子也沒問題，所以不用投保國民年金保險也沒關係，但這種想法，很可能是忽略了國民年金保險的其他功能。

國民年金保險除了高齡基礎年金的保障之外，也包括了六十五歲之前的其他保障項目，例如：納保人遭遇意外導致傷殘，可以請領身心障礙基礎年金；若納保人因故身亡，家屬可以請領遺族基礎年金。

年金應該提前領延後領？

年金可以選擇提前或延後領取。當我們到達可請領年齡時，你會選擇提前還是

延後？

從前文的計算中，應該有很多人認為延後領比較划算，但實際狀況卻不像大家所想得那樣。根據二〇一七年日本年金制度基礎調查，以目前日本的狀況來說，選擇延後請領的人，僅占一．三％左右；而選擇提前請領的人，則高達一二％。而他們選擇這麼做的理由，不外乎需要這筆資金來填補生活費的缺口，或認為提前請領及早入袋才覺得安心等。

經過計算之後，我們可以發現：雖然六十歲就請領年金的人比六十五歲的人，早領五年請領年金，但因為所領的年金被打了七折，所以從七十六歲開始，提前請領的人所領取的年金總額，會低於六十五歲才請領年金的人。以此類推，如果提前在六十四歲開始請領年金，大概在八十歲時，所領取的年金總額會低於六十五歲才請領年金的人。

換句話說，如果覺得自己活不過八十歲，那選擇在六十五歲之前請領年金，會比較划算。

若認為自己會活超過八十歲，則應該選擇在六十五歲或延後請領年金，這才是比較聰明的方式。尤其是延後到七十歲才開始請領年金的人，由於每次都比六十五歲請領年金的人多領四二％，所以從八十二歲以後，四二％的優勢就會追平六十五歲請領年金的人，並一直持續到壽終正寢為止。這等於是從八十二歲開始，終生都能享有高利率的年金回饋，甚至進一步把四二％換算成收益率，幾乎每年都有高達八．四％的投資報酬率。像這樣高利率、低風險的投資標的，在市場上可說是絕無僅有的優質投資組合。

總而言之，年金制度就是活得越久、領得越多，所以請盡可能的健康、長壽，並在年輕時就善用家計三分法打造超強理財術，讓老後的退休生活游刃有餘。

公司沒有提撥退休金怎麼辦？

由於退休金與年金是老後收入來源的兩大支柱，所以如果在你的預想當中，已經把退休金算進老後資產的組成來源之一，請務必先確認自己所任職的公司，怎麼規畫退休金制度。

包括公司是否有提撥退休金？在現有條件下，自己退休時大概能領到多少？這些都可以透過人資部門來進一步了解，甚至也可以直接詢問「公司退休金的計算方式是什麼？」以及「過往的實際支付狀況為何？」

畢竟處在不清不楚的狀態下，很難理性評估退休後要準備多少儲蓄才夠養老，所以藉由這些資訊，初步估算出自己未來退休時，大概能領到多少退休金，並把估算出來的退休金總額，與自己預計退休時要存到的目標儲蓄金額相加，以作為基礎，進一步推算出老後生活的資金狀況，如此才能協助我們規畫未來資產配置，並及早安排老後的退休生活。

如果在詢問之後，確定有退休金可以領，我會恭喜你十分幸運；假如你所任職的公司，沒有提撥任何退休金的制度，也不用過度焦慮。以目前日本的勞動現狀來看，有高達二一．二％男性與五五．三％女性，都屬於打工、兼差、派遣或約聘人員等非正式工作者，再加上接案為生的自由工作者等，無法享受企業提撥退休金的人並不在少數。重點是，只要你先規畫老後生活並妥善準備家計，相信未來就不會有問題。

年屆退休，職涯不退休

為了應對高齡化社會的來臨，日本政府修正高齡者僱用安定法，將勞工的法定退休年齡，由六十歲延長到六十五歲，日本企業則可以採行以下三種配套措施，來配合政府法令的修正。

第一種方法是延後退休制，直接按照規定將員工的退休年齡延後到六十五歲。第二種方法則是廢止退休制，也就是取消企業的退休制度，員工可以自己選擇什麼時候退休。最後一種為延長僱用制，亦即在員工年滿退休年限時，先結清員工的退休年資，再以新的薪資待遇與勞動條件來重新僱用。

目前僅有約兩成的企業，會選擇延後退休制或廢止退休制，其他大部分的日本企業，都選擇第三種方法，也就是延長僱用制。在員工六十歲時先結清退休年資，之後再以新的條件或工作內容來延長僱用。

一般來說，採行延後退休制的公司，會直接在公司的規章裡面寫明：「本公司的員工退休年齡為六十五歲，退休日為年滿六十五歲該年的最後一天。」但如果是採行延長僱用制的公司，在公司規章內會明文規定：「本公司的員工退休年齡為六十歲，退休日為年滿六十歲該年的最後一天。倘若本人於六十歲之後仍有工作意願，可延長僱用至六十五歲止。但自請離職、合意終止勞動契約或非自願離職等情況則不適用之。」

如果之前從來沒有留意過相關資訊，可以趁現在好好確認一下公司關於員工退休制度的規定。

另外要補充說明的是：所謂延長僱用制，雖然可以讓員工繼續以全職的身分工作到六十五歲，但大部分的公司都會在員工年屆退休年限時，先結算員工過去所累積的年資與退休金，之後再跟員工簽定新的勞僱契約來延長僱用。也就是說，員工從任職開始到年屆退休，中間幾十年所累積的職級、薪資，甚至是工作內容，都會全部歸零。

在重新簽定勞僱契約之後，員工很可能會被指派到與過往工作完全不同的業務，甚至連薪資待遇也會比結清前要低上許多。

儘管如此，對於大部分年屆退休的上班族來說，雖然只能領到結清退休年資前的一半薪資待遇，但在熟悉的職場環境中繼續工作，還是會讓人安心不少，至少不用重新找工作或適應新的工作環境。

總之，隨著勞動環境與社會現況的改變，大家想以全職的身分工作到六十五歲，已經不是完全不可能的事情了。

要特別考慮的是，如果我們還是想在六十歲就退休，等到六十五歲可以請領年金之前，中間約有五年收入空窗期。

雖然前面有提過提早請領年金的方法，但也提醒過大家，提早請領年金會有一些金額上的損失。為了避免退休後收入空窗期影響生活，也不想因為提前請領年金而有損失，我以家計諮商顧問的經驗，向各位推薦的方法是：退休後繼續找一份全職的工作做到六十五歲，甚至在健康與體能都允許的情況下，七十歲後仍然可兼差工作，每週打工兩、三天，對於生活費也不無小補。

要解決老後退休生活的開支問題，不外乎以下三種方法：

1. 增加收入。

2. 減少支出。
3. 活用既有資產。

在本書第三章與第四章中，已詳細介紹如何減少支出與活用既有資產，只要根據我們的年齡與人生階段，進一步加以落實運用即可。

但對於增加收入一事，由於大多數人在退休之後工作收入就會中斷，如果我們還能延續保有工作收入的時間，那麼，一來一往之間，就會產生相當明顯的效果。

退而不休，創造自我價值

當我們年滿六十歲，即將面對退休問題時，要怎麼延續保有工作收入？除了在原本任職的企業繼續服務之外，我們還有許多選擇，例如重新找一份正職工作、或擔任企業的約聘人員，甚至還可以用打工、兼差等，延長我們在職場服務的時間。

不過，千萬不要小看打工或兼差，這類型工作有一個很大的優點，就是可以靈活、有彈性的自由安排時間，而且還可以透過打工或兼差，嘗試各種有興趣的工作類型，甚至體驗不一樣的生活方式。在補貼家用之餘，又能享受老後的退休生活，可以說是多方兼顧的選擇。

再者，除了經濟方面的考量之外，退休後如果能繼續維持工作，不僅能讓自己與社會保持基本聯繫，老後也能保有健康的社交生活。雖然可能無法再繼續擔任公司的主管或重要職務，但有許多同事可以一起工作、交流，不只心態上會比較樂觀、滿足，也能積極感受到自己存在的價值。

尤其如果自己一直到七十多歲都還能維持每週有幾天工作，每個月應該可以額外獲得五、六萬日圓的工作薪酬，再加上固定領取的退休年金，要支應老後生活應該相當充裕。

總之，在健康與體力都能負荷的情況下，繼續工作以展現出積極生活狀態吧！

因為退休金可能不夠用，所以我們更需要副業

在本書中，我多次提到媒體報導「老後的退休生活，至少得存兩千萬日圓才夠用」。萬一存不到兩千萬日圓，又該怎麼辦？

根據日本金融廳在金融審議會中提出的「日本高齡化社會的資產組成與管理」報告書來看，跨部會的統計數據，以日本最常見的家庭組成型態作為案例，假設先生是年滿六十五歲的退休上班族，太太是六十歲的家庭主婦，在一般平均水準的年金收入總和，與每個月標準生活費支出相減之後，將可能會出現五萬五千日圓的家計缺口。

以每個月會透支五萬五千日圓為基礎，假設該夫妻老後還有二十年到三十年的壽命，就會得出一個結論：以相同型態的家庭來說，老後至少必須再準備一千三百二十萬日圓到一千九百八十萬日圓（約新臺幣三百五十六萬四千元至五百三十四萬六千元）才夠用，而這也是退休要存兩千萬日圓的估算依據。

其實這份報告的主要目的是想提醒大家，隨著高齡化時代來臨，大家對於老後

生活的財務規畫，要有更長遠的打算與準備，但沒想到大多數人只注意「老後的每個月家計開銷，會不足五萬五千日圓」。

其實不論是我或其他理財專家，對於報告書的估算結果，完全不感到意外。畢竟只要簡單計算，就會知道「單靠年金無法安享晚年，必須有其他儲蓄才夠用」。

但我還是很感謝這一系列的相關報導，除了引發眾人關注之外，更透過社會大眾討論，提醒大家：只靠年金想安穩度過老後生活，非常危險。

幸好，在我們三十歲後半段就能先知道這件事，還有機會能積極的準備退休生活，補足可能會出現的家計缺口；不用等到年老時，因為發現年金與生活費有落差才驚慌失措。

這也正是我想傳授大家理財術的主要原因，因為只要能提高對家計的掌握度、節約生活、減少浪費支出，再加上穩定儲蓄、選擇低風險、報酬穩健的投資項目，就能確保老後資產有保障。

此外，換個角度來說，如果我們到六十五歲以後還能持續工作、擁有收入，就不用這麼擔心，退休要存足兩千萬日圓了。

現在開始找副業，那是老後的經濟來源

大家不妨想像一下自己退休後的生活。

假設我們從三十歲後半段或現在，都能堅持儲蓄、穩健投資，等我們六十五歲退休時，很可能資產已經累積兩千萬日圓，也能領到與工作年資相符的退休金。

但也有可能會像金融廳報告書所說的，我們在退休後，每個月都必須從積蓄中領取一定金額來補足生活費的缺口，眼看著儲蓄水位不斷下降，這個時候又應該怎麼辦呢？

就像前文提到的，如果老後生活的收入只有年金，家計肯定會出現赤字。但如果還能工作、多少獲得一些收入，就能彌補一部分缺口。

當然，這裡說的工作收入，並不是要我們像退休之前一樣，月領二十萬至四十萬的全職薪資，而是只要能補貼家計缺口，哪怕是每個月幾萬日圓也不無小補。

例如我們退休後，每個月的家計缺口是五萬日圓，工作收入可以貼補其中的三萬日圓，最後不足的兩萬日圓，再從存下來養老的積蓄裡來支應。換句話說，如果

從六十五歲起能繼續工作十年，一年只要多賺三十六萬日圓，就能讓我們的退休生活寬裕不少。

當然，有些人可能跟我一樣，純粹樂於工作、喜歡工作，而不是為了財務上的考量。但是以退休後的工作來說，我們不用再勉強自己，也不用周旋在高壓的職場人際關係中；選擇工作的方向，就要以適合自己節奏的工作環境為主，因為這樣的工作，不僅可以維持身體與大腦的靈活，還能從中感受到自己對社會有所貢獻，進而肯定自己存在的價值，這可是任何金錢或物質都無法取代的成就感。

不過，要怎麼安排退休後的工作呢？

隨著勞動環境的改變與企業文化的改革，有越來越多的日本企業，開始默許員工兼職或擁有副業。所以大家可以在退休前，為增加老後收入而預作準備，例如利用休假日或業餘時間，做一些打工或兼差，或是從自己擅長、有興趣的領域中，挖掘開創副業、增加收入的機會等，這些都是很不錯的選項。

在我的諮商個案中，有幾個不錯的案例可以提供給大家作參考：

一位五十多歲的上班族是自行車愛好者，他非常了解自行車的構造、零件等。

他後來開設網路商店，販售自行車的零件，並且提供協助客人安裝自行車、維修等服務，以此作為副業。

另一位五十多歲上班族，任職於電子公司，他充分利用自己電腦相關的專業提供客人一些有關電腦維修、組裝等服務，來開創副業。

此外還有人因為有攝影興趣，而開設攝影教室；或是長年從事會計工作的上班族，在退休後轉而協助自由工作者或新創、中小企業處理會計事務等。

利用休假日或空閒時間來做副業，雖然每個月可能僅有幾萬日圓的微薄收入，在還有正職工作時，算不上是多高的酬勞，但是這筆收入如果能持續到退休，就能成為老後生活的主要經濟來源。

副業不限年齡，一輩子都能賺錢

我建議大家平常工作時，可以多思考自己退休後，想做什麼或還能做什麼，透過不斷的自我問答與追尋，進而發現自己更多的可能性。

如果你是上班族，可以試著增加一些額外的收入；如果你是自由工作者，則可以拓展不同的業務或開發不同的客戶，在主要收入之外，另外增加其他的收入來源。這些經驗，都能幫助我們在退休後，有維持穩定的收入。

而且，開創副業還有一個好處，是與受雇於企業、找打工或兼職相比，完全沒有年齡限制。就算到了七十、八十歲，只要你還有興趣跟體力，永遠都可以靠自己的專業來發揮所長、幫助別人並獲取收入。

雖然想找到自己的興趣與專業，並發展成副業，並不是一時半刻就能達成的事。但只要我們從現在開始，正視自己的退休規畫，把準備的時間拉長，先了解自己，再找出可能的方法，就能讓自己一點一滴的出現改變。

後記

掌握收支、善用投資，就能跨過經濟衝擊

我撰寫本書的過程中，日本正受到新冠肺炎的衝擊，不僅人們要保持社交距離、減少外出，就連店家也以縮短營業時間，來因應政府的防疫政策，這些都讓我們的社會、經濟、生活遭受到嚴重的打擊。

尤其在勞工失業、商家停業等情況下，收入減少是我們要面對的主要危機之一，就連新聞媒體也大篇幅的討論，是否要進行全國性紓困與補貼方案，各行各業拚命的想辦法生存，政府也積極的從困境中找出路。

但在這看不到盡頭的不安底下，隨著疫情持續的時間不斷延長，不論是企業與個人都陷入泥淖之中。

未來的經濟狀況會有什麼轉機？我們的工作與生活方式，又會出現什麼樣的改變？或許我們對於整個社會的龐大經濟體系，會感到無能為力，但在疫情底下，政府的補貼只是一時，我們終將要扛起自己未來的生活，為自己負責任。

要為自己負責，就是認真面對自己的財務狀況，準確掌握收支、善用投資儲蓄，讓充足的資源作為我們抵禦疫情衝擊的城牆，醫療防疫與經濟活動不必然是對立的兩方，也可以相輔相成。

萬一你的收入在這波疫情當中受到影響，請不用驚慌焦慮，就算是生活壓力一時變得比較大，也應該要把注意力放在減少支出上，盡可能減緩儲蓄水位降低的速度。如果你很幸運的，手邊有一些多餘的資金，不論多寡，最好確實存起來，繼續維持儲蓄的習慣。

如果你有定期定額的買入基金，請千萬不要因為一時的價格下跌，就慌張的拋售停損出清，一定要繼續持有。因為我們在面對未知時，總是很輕易的放大擔憂，讓恐慌情緒影響判斷力。

但市場不會永遠一蹶不振，只要把時間拉長，終究會回到正常的水準，這也就是我前面所說的，再怎麼嚴重的經濟衝擊，最後一定都會好轉、復原。哪怕是當年的雷曼兄弟事件，雖然一時造成市場的恐慌性賣壓與崩盤，但相隔四年後，不僅全球指數已經回到當時的水準，甚至還在之後屢創新高。

所以我不斷提醒大家，要用閒錢來投資，只要一時半刻不會動用這筆閒錢，那麼，我們對於投資風險的承受度就會更高。

在漫長的人生當中，總會經歷幾次類似新冠疫情影響人們生活的重大事件，但為了能在重大衝擊之下，繼續保有一定品質的生活，為了不要因為一時的收入減少而困擾，能活用本書所介紹的一切知識，來掌握家計、養成儲蓄習慣，是非常重要的事。

畢竟，我們現在或許還無法想像老後退休的生活，甚至對於緊急預備金的規畫或為了未來準備儲蓄，也都覺得很遙遠。但只要你從現在開始，意識到家計理財的重要性，並一步步的著手準備，該花的花、該存的存，並學會理財術，未來的生活一定可以變得豐富精彩又有保障。

國家圖書館出版品預行編目（CIP）資料

養成有錢體質：如何用最快速度存到 100 萬，又不會降低生活品質？日本理財大師只靠三本存摺，提早財富自由！／橫山光昭著；方嘉玲譯 . -- 初版 . -- 臺北市：大是文化有限公司 , 2021.05
256 面 ; 14.8×21 公分 . --（Biz；354）
譯自：37 歳独身年収 300 万円知っておきたいお金のこと
ISBN 978-986-5548-88-9（平裝）

1. 個人理財　2. 投資理財　3. 財富

563　110004576

Biz 354

養成有錢體質

如何用最快速度存到 100 萬，又不會降低生活品質？日本理財大師只靠三本存摺，提早財富自由！

作　　者／橫山光昭
譯　　者／方嘉玲
責任編輯／陳竑悳
校對編輯／張祐唐
副總編輯／顏惠君
總 編 輯／吳依瑋
發 行 人／徐仲秋
會　　計／許鳳雪、陳嬋娟
版權專員／劉宗德
版權經理／郝麗珍
行銷企劃／徐千晴、周以婷
業務助理／王德渝
業務專員／馬絮盈、留婉茹
業務經理／林裕安
總 經 理／陳絜吾

出 版 者／大是文化有限公司
臺北市衡陽路 7 號 8 樓
編輯部電話：（02）23757911
購書相關資訊請洽：（02）23757911 分機 122
24 小時讀者服務傳真：（02）23756999
讀者服務 E-mail: haom@ms28.hinet.net
郵政劃撥帳號／ 19983366 戶名／大是文化有限公司

香港發行／豐達出版發行有限公司
Rich Publishing & Distribution Ltd
香港柴灣永泰道 70 號柴灣工業城第 2 期 1805 室
Unit 1805, Ph.2, Chai Wan Ind City, 70 Wing Tai Rd, Chai Wan, Hong Kong
Tel：21726513　Fax：21724355
E-mail：cary@subseasy.com.hk
法律顧問／永然聯合法律事務所

封面設計／孫永芳
內頁排版／邱介惠
印　　刷／緯峰印刷股份有限公司
出版日期／2021年5月初版
定　　價／新臺幣 360 元
I S B N ／978-986-5548-88-9
電子書 ISBN ／ 9789865548933（PDF）
9789865548926（EPUB）

Printed in Taiwan

37SAI DOKUSHIN, NENSHU 300MAN-EN: SHITTEOKITAI OKANE NO KOTO
by Mitsuaki Yokoyama

Original Japanese edition published by Mainichi Shimbun Publishing Inc.

This Complex Chinese edition is published by arrangement with
Mainichi Shimbun Publishing Inc., Tokyo in care of Tuttle-Mori Agency, Inc., Tokyo
Through LEE's Literary Agency, Taipei.